Análisis de cuentas anuales en la empresa

ADGD006PO Administración y gestión

EF/ADGD006PO/OCT/25

Anagrama «LUCHA CONTRA LA PIRATERÍA», propiedad de Unión Internacional de Escritores.

CONSEJO DE REDACCIÓN
Ruth Gómez Talaván
Elena Rubio Gallardo

MAQUETACIÓN
Esther Martínez Hernández

ILUSTRACIÓN DE CUBIERTA
Ignacio Velasco Marugán

© Centro de Estudios ADAMS. Ediciones Valbuena
C/ Narciso Serra, 14
28007 Madrid
adamsediciones@adams.es
www.adams.es

ISBN: 978-84-1077-581-7
Depósito legal: M-22044-2025
Editado en octubre de 2025
Imprime: Ediciones Valbuena, S.A.
Impreso en España. Printed in Spain

Presentación

Comprometidos por ofrecer una propuesta formativa ajustada a las necesidades de la sociedad y del mercado de trabajo, Ediciones Valbuena presenta este manual para la Especialidad formativa de **Análisis de cuentas anuales en la empresa**, perteneciente a la Familia profesional de **Administración y gestión**.

Esta **Especialidad Formativa**, con una duración asociada de 20 horas, se integra en el Catálogo de especialidades con el código ADGD006PO.

En la elaboración de los contenidos hemos pretendido garantizar la **adquisición, mejora y actualización de las competencias profesionales** requeridas en el mercado laboral, así como fomentar el **aprendizaje**.

En nuestra página web **www.adams.es** estarás al día de todo en cuanto a información sobre cursos, productos y servicios se refiere, además tendrás la opción de dirigirnos cualquier consulta o sugerencia a través de **adams@adams.es**

Esperando haber cumplido el objetivo propuesto, te expresamos nuestros mejores deseos de éxito.

Ediciones Valbuena

ÍNDICE

Test de Unidades

ICONOS DE INFORMACIÓN

Actividad

Vocabulario

Audios

Resumen

Definición

Recuerda

Ejemplo

Nota

Importante

Más información

Marco legal

Lectura recomendada

UNIDAD DIDÁCTICA 1

Introducción y análisis cualitativo de la empresa

Introducción

Resumen

Los **objetivos** de esta unidad son:

1. Definir los factores clave a analizar.

2. Identificar los instrumentos de análisis cualitativo de la empresa.

3. Identificar los factores favorables y desfavorables en el análisis cualitativo.

Introducción

El análisis de una empresa se realiza para evaluar su historia, la situación actual y sus perspectivas de futuro, con la finalidad de poder tomar decisiones adecuadas en relación con la misma.

Los destinatarios serán: la propia empresa, proveedores, clientes, la Administración, trabajadores, entidades financieras, etc.

Se establecerán las herramientas de análisis de los factores cualitativos internos y externos de la empresa, con el fin de establecer las medidas preventivas y correctoras para corregir los puntos débiles que puedan amenazar su futuro, al mismo tiempo que sacar un provecho de los puntos fuertes para que la empresa consiga sus objetivos.

1. El diagnóstico de la empresa

1.1. Finalidad

El **diagnóstico de la empresa** tiene como finalidad el análisis de todos los datos relevantes de esta e informa de sus puntos fuertes y débiles, con el fin de poder tomar las medidas necesarias para paliar sus efectos.

Es fundamental realizar un diagnóstico de la empresa periódicamente, con el cuidado y relevancia en la toma de datos, así como en un posterior análisis. Por supuesto, vendrá acompañado de medidas correctoras adecuadas, que la empresa podrá implementar, para solucionar o minimizar los efectos de los puntos débiles y reforzar los puntos fuertes de la compañía.

Es corriente ver a empresas y a sus directivos dedicando todo su esfuerzo y tiempo en hacer crecer su compañía, en ganar cuotas de mercado, en expandirse, etc. y, sin embargo, no dedican recursos a analizar si las decisiones que van a tomar en ese proceso de expansión están alineadas con su política financiera, o si su situación y evolución económico-financiera se lo van a permitir.

El análisis de los estados financieros que conoceremos a lo largo del contenido nos va a aportar información muy valiosa de tipo económico-financiera para la toma de decisiones.

Podríamos decir que el análisis de los estados financieros es fundamental en el estudio de cualquier operación financiera realizada por la empresa, posibles inversiones, entidades financieras, clientes, proveedores, etc., ya todas la decisiones que tome la empresa en su planificación a medio y largo plazo en el establecimiento de sus objetivos estratégicos, así como el establecimiento de los objetivos por parte de los socios de la compañía, se efectuará atendiendo al coste de oportunidad de la inversión.

1.2. Limitaciones

Sin embargo, el análisis de los estados financieros no estará exento de **limitaciones** y estas afectarán a la calidad del resultado del diagnóstico. A modo de ejemplo, sin tener la pretensión de confeccionar una lista cerrada, tendríamos que considerar:

a) La contabilidad general o financiera nos habla del pasado, pero **no nos dice nada del futuro**. Lo que sucedió en el pasado no tiene por qué reproducirse de nuevo en el futuro, así lo que se vendió ayer no tiene por qué venderse mañana; o lo que funcionó con un equipo de directivos no tiene por qué funcionar en la siguiente generación.

b) La contabilidad por normativa mercantil, fiscal y contable se cierra, con carácter general, a 31 de diciembre. Sin embargo, este hecho puede desvirtuar la información de aquellas en las que existe un alto grado de **estacionalidad** en las ventas, producción, gastos o en la tesorería.

c) Los estados contables pueden estar **maquillados** o manipulados y, por tanto, no reflejarán la imagen fiel de la realidad económico-financiera de la empresa.

d) Si atendemos al volumen de clientes o proyectos en curso, podremos encontrarnos con empresas en las que su balance crece en un breve periodo de tiempo al incorporar, en su cartera de clientes, **proyectos ambiciosos**, que requieren un alto volumen de recursos.

e) Estos proyectos no necesariamente garantizarán a la empresa un incremento en su facturación y beneficios, pero, sobre todo, no le garantizará una entrada de flujos. Será necesaria una adecuada **evaluación del nivel de crédito** concedido a sus clientes, que deberá encontrarse siempre dentro de los límites de riesgo que la empresa pueda asumir.

Con el fin de realizar un análisis global se partirá de instrumentos eficaces oficiales (cuentas anuales), pero también se incorporarán en el estudio aquellos instrumentos que informen sobre la capacidad de pago o la generación de flujo de la compañía, y aquellos que permitan valorar correctamente los activos.

Este diagnóstico de la empresa le va a permitir a la compañía poder adaptarse a las circunstancias y, en definitiva, conseguir los objetivos estratégicos que se ha marcado. Y por ello, el análisis incorporará las medidas correctoras que permitirán solucionar las incidencias antes de que se presenten, o reducir sus efectos una vez se hayan manifestado. En la formulación de las medidas será necesario determinar los problemas reales que se pretende evitar y vincular cada medida a la causa que la motivó, sin olvidar que deberán ser susceptibles de ser implantadas por la compañía.

 Un aspecto significativo es que muchas empresas basan su diagnóstico en la contabilidad, única y exclusivamente en los "números" de la compañía y se olvidan de todo un conjunto de datos e información, que nada tiene que ver con los "números" pero que serán determinantes para que la empresa pueda llevar a cabo su planificación estratégica, son los conocidos como factores cualitativos, que veremos en los siguientes epígrafes de esta unidad.

En el análisis y diagnóstico se tendrá en cuenta la información aportada por la empresa/cliente, por terceros o fuentes externas públicas (Registro Mercantil, CIRBE, ASNEF).

2. Análisis cualitativo de la empresa

2.1. Características

Como hemos comentado anteriormente, el entorno económico-social en el que se encuentran las empresas se caracteriza por ser un entorno VUCA *(Volatility, Uncertainty, Complexity, Ambiguity)*:

1. **Volátil**: porque está en cambio permanente y, además, a un ritmo muy rápido.

2. **Incierto**: porque no existen certezas de que en el futuro la empresa se encuentre ante las situaciones que ha previsto.

3. **Complejo**: porque la llegada de Internet y del Big Data permite a las empresas disponer de más información a la que nunca habían tenido acceso, pero esta debe ser gestionada.

4. **Ambiguo**: porque en ocasiones se produce una distorsión de la realidad con graves consecuencias económicas y sociales.

Este hecho obliga a las empresas a un continuo diagnóstico y un replanteamiento de sus objetivos estratégicos.

Para efectuar este diagnóstico, además del análisis económico realizado a partir de la información interna de la empresa que estudiaremos en las siguientes unidades (cuentas anuales, control de la capacidad de pago, valoración de activos, etc.) o externa (a partir de datos de otras instituciones, como registros públicos), deberá realizarse un análisis cualitativo de la compañía.

Este análisis se lleva a cabo a partir de la información que suministrará la empresa y versará sobre aspectos tan diversos como: demostrar competencias de los directivos, el capital humano con el que cuenta, tecnología que utiliza, analizar la relación entre la empresa y su industria, el efecto que tendrán los cambios de variables macroeconómicas en la evaluación de la empresa, el crecimiento de la demanda interna, la inflación, los tipos de interés, el crecimiento del sector, la evolución de la tecnología, el factor humano, la gestión de los aprovisionamientos, la perspectiva de cobro, viabilidad del negocio, etc.

Cuando hablamos de datos valorativos o cualitativos, debemos distinguir también entre aquellos datos que proceden internamente de la empresa de aquellos que se obtienen de la observación o análisis del entorno.

2.2. Análisis interno

2.2.1. Organización

En este punto se valorará si la empresa cuenta con un plan estratégico o no: el establecimiento de objetivos y el plan de implementación de las estrategias.

Se analizarán aspectos que nos ayudarán a comprender el plan estratégico, como serán el campo de actividad, el ciclo de vida de la empresa (emergente, desarrollada, madura, etc.), volumen de la empresa (este análisis se complementará con otros puntos que se van a comentar) y la estructura jurídica.

Las variables clave a analizar en el área de la dirección u organización son:

⇨ Estructura organizativa.

⇨ Sistemas de planificación y control.

⇨ Cultura empresarial.

⇨ Planificación estratégica.

2.2.2. Estructura y sistemas de comunicación

Se atenderá también a analizar si la empresa dispone de la estructura organizativa necesaria para llevar a cabo sus objetivos; si existe un organigrama estructurado y si el estilo de liderazgo que se lleva a cabo desde la cúpula de la compañía, así como en los diferentes eslabones del organigrama, está alineado con el plan estratégico.

Se valorarán los **sistemas de información** con los que cuenta la empresa que facilitarán o dificultarán la implementación de las estrategias que la empresa haya formulado. Y finalmente se evaluará **la planificación y el control** que se lleven a cabo en las diferentes áreas y esferas de la compañía, etc.

Las variables clave a analizar en el área de la información y/o comunicación son:

⇨ Sistemas de información.

⇨ Sistemas de dirección.

⇨ Estilos de liderazgo.

2.2.3. Marketing y comercialización

Aquí se incluyen las acciones de publicidad, marketing, producción o comercialización de los productos o servicios. Conviene conocer diversos aspectos del sector en el que se mueve la empresa, por ejemplo, la densidad empresarial o las empresas competidoras.

1. Se analizará el mercado destinatario de los bienes o servicios que comercializa la empresa, así como los propios productos o servicios y se determinará cómo afectan al consumo de los estos bienes o servicios los cambios socioeconómicos y conductuales que se puedan estar produciendo en la sociedad.

 La densidad empresarial hace referencia al volumen de empresas que hay en el sector o ámbito de actuación de la empresa.

2. A nivel de marketing, de la información resultante de este análisis se obtendrá información muy valiosa para la toma de decisiones y poder actuar en las 4P del marketing (precio, producto, publicidad o promoción y plaza o distribución).

    En este apartado interesará conocer la gama de productos, la antigüedad y perspectivas de los mismos y, como hemos comentado anteriormente, su adaptación a los cambios sociales o culturales que se produzcan.

 El nacimiento de las máquinas de fotografía digital hizo que algunas marcas emblemáticas se quedaran atrás o desaparecieran.

El salto del móvil al smartphone provocó la desaparición de marcas que habían sido pioneras en la telefonía.

3. Analizaremos también el destinatario de los productos o servicios que ofrece la empresa, su distribución geográfica, los canales de comunicación, así como sus motivaciones de compra y sus necesidades en las ventas y cómo se ve influenciado por factores socioeconómicos, demográficos, etc.

El análisis anterior lo complementaremos con una evaluación de tipo económico, determinando el grado de dependencia que tiene la empresa respecto a una empresa o un grupo de empresas. Este factor se analizará a partir de sus características, el peso o el volumen de sus ventas respecto el total de ventas de la empresa.

Podríamos decir que las variables clave a analizar en el área comercial son:

⇨ Cuota de mercado.

⇨ Cararacterísticas del producto.

⇨ Imagen de marca.

⇨ Red de distribución.

⇨ Fuerza de ventas.

 En 2020 se produjo una situación atípica, excepcional, de magnitudes mundiales. Se confinó en sus casas a toda la sociedad mundial. Muchas empresas se vieron obligadas a cerrar. Sin embargo, muchísimas, sin prestar servicios esenciales, pudieron seguir prestando sus servicios y ofertando sus productos, e incluso incrementar su volumen de ventas. El elemento clave fue comprender que sus clientes ya no estaban en la calle, sino delante de un ordenador, y que su público había dejado de ser aquellos vecinos del barrio y habían pasado a ser un número ilimitado de personas ubicadas en todo el mundo. Un diagnóstico a tiempo, con medidas correctoras, a implantar inmediatamente, puede salvar a una empresa de un cierre o incluso reorientarla definitivamente.

2.2.4. Producción, industria y tecnología

⇨ **Productos y su proceso de elaboración**

En este apartado de análisis se deberán evaluar los productos o servicios que comercializa la empresa y su proceso de elaboración. Conoceremos:

• El volumen de compras.

• El origen de las mercancías.

• La periodicidad con la que los clientes realizan sus compras.

• El plan de contingencia ante una falta de suministro.

- La afectación o previsión de subida de precios.

- Las estrategias de los competidores.

- La gama de productos.

- La rotación de las existencias.

- Etc.

⇨ **Investigación y desarrollo**

También se tendrá en cuenta toda aquella información relacionada con la investigación y desarrollo, recogiendo aquella especialmente vinculada con patentes registradas y el plazo de vencimiento de estas.

Se dispondrá de información sobre:

- El ciclo productivo.

- La tecnología con la que cuenta la compañía.

- La capacidad productiva.

- El proceso productivo.

- El control de calidad de los productos o servicios.

- El ciclo de vida del producto.

- La optimización de costes de producción y/o logísticos.

- La programación de pedidos.

- Las previsiones para el siguiente ejercicio.

- Los servicios postventa.

- Etc.

Las variables clave a analizar en el área de producción son:

⇨ Tecnología disponible.

⇨ Inversión en I+D.

⇨ Estructura de costes.

⇨ Control de la calidad.

⇨ Proceso de producción.

⇨ Nivel de productividad.

2.2.5. Concentraciones y dependencias

Se entiende por **concentración** una situación en la que intervienen pocos elementos, que ocasiona una diversificación insuficiente del riesgo.

Se entiende por **dependencia** a la situación en la que la empresa se ve afectada y condicionada por factores o elementos externos, que ocasiona una diversificación mínima del riesgo.

La dependencia se produce cuando se tienen clientes o proveedores con alto poder de negociación y que generan un elevado endeudamiento en la empresa. Para realizar este análisis se determinará la cantidad de clientes y su volumen de ventas. La dependencia también se determinará mediante el ratio de calidad de deuda que conoceremos en la unidad 4.

La dependencia puede venir marcada por: el peso de clientes (volumen y porcentaje de las ventas), proveedores, dirección ejecutiva de la empresa, personal cualificado, barreras de entrada o de salida de un mercado, procesos, tecnología, política, etc.

Determinar los problemas futuros de un proyecto o negocio dependerá de la complejidad de este. Los administradores y gestores de los negocios deberán prestar especial atención a la gestión de los riesgos, entendida como un proceso para controlar los riesgos y adoptar medidas para minimizar su impacto.

Para conocer estas dependencias deberá disponerse de los registros de la empresa, así como información de carácter tributario, como sería la declaración anual de operaciones con terceras personas (modelo 347).

2.2.6. Recursos humanos

Los recursos humanos son un elemento clave en la implantación de las estrategias para que la empresa pueda llevar a cabo sus objetivos, el establecimiento de su posicionamiento de marca, la calidad del producto final y la valoración que perciban los clientes en un servicio postventa. Por todo ello, no puede ser ajeno al análisis de las cuentas anuales o del diagnóstico de una empresa.

Se van a analizar diversos aspectos:

⇨ **Capacitación de las personas**

Comenzaríamos a analizar la capacitación de cada persona para el puesto que cada uno ocupa (formación, experiencia, habilidades). Esto se llevará a cabo elaborando correctas descripciones de puesto de trabajo, así como evaluaciones periódicas de las competencias de cada persona que ocupa un puesto.

En aquellos puestos que sean determinantes para la empresa deberá valorarse si la empresa tiene garantizada la renovación o sucesión generacional, ya que esta puede requerir formar y capacitar a los posibles candidatos.

⇨ **Factores de tipo colectivo**

Continuaría el análisis de factores de tipo colectivo, como serían, entre otros:

- El análisis del clima laboral.

- La eficiencia del liderazgo.

- El grado de absentismo.

- El número y gravedad de los accidentes de trabajo.

- El tiempo de permanencia o retención del talento en la empresa.

- Las bajas voluntarias que se producen, ya que la rotación del personal perjudica a la imagen de la empresa, al proceso productivo y a la calidad final del producto.

Las variables clave a analizar en el área de recursos humanos son:

⇨ Clima laboral.

⇨ Nivel de formación.

⇨ Nivel de participación.

⇨ Sistemas de retribución.

⇨ Motivación.

2.2.7. Análisis económico-financiero

La empresa se centrará en la situación financiera y los resultados económicos, la gestión y control de costes y márgenes en la toma de cualquier decisión, la capacidad de crecimiento de la compañía (evitar el conocido "morir de éxito"), su gestión de tesorería a través de los controles presupuestarios y la gestión de sus pagos a la Agencia Tributaria o cotizaciones a la Seguridad Social, entre otros.

Las variables clave a analizar en el área financiera son:

⇨ Rentabilidad de las inversiones.

⇨ Solvencia de la empresa.

⇨ Volumen de costes financieros.

⇨ Estructura financiera.

2.2.8. Otros aspectos

⇨ Será conveniente siempre **analizar la empresa** *in situ.*

⇨ Ver sus instalaciones, que nos hablarán del carácter, valores, cultura y evolución histórica de la empresa, muchísimo más de lo que nos puedan explicar sus directivos.

⇨ En este apartado incluiríamos también aquella información sobre pleitos, litigios o responsabilidad (presente o futura) de la compañía.

Veamos un pequeño ejemplo para integrar los puntos anteriores:

Supongamos que la empresa diseña su plan estratégico y entre sus objetivos se encuentran la captación de clientes "importantes" que garanticen un nivel productivo importante; esta circunstancia conllevará un incremento de X % en sus ventas y en sus beneficios.

Cuando el departamento comercial lleva a cabo las acciones estratégicas propuestas se consigue captar dos clientes cuyo volumen de pedidos hará incrementar la producción de la compañía por cuatro.

En principio, la empresa debería estar satisfecha por cumplir sus objetivos estratégicos. Sin embargo, los directivos no han tenido en cuenta varios factores:

A nivel industrial, ¿la empresa tiene capacidad productiva para multiplicar su producción por 4?, ¿tiene suficiente capacidad de almacenaje para atender a ese volumen de producción? Si no tiene capacidad por limitación de espacio o maquinaria, ¿dispone de los recursos económicos-financieros para poder sufragar las inversiones que este nuevo proyecto requiere? Si no tiene los recursos económicos, ¿tiene la suficiente solvencia y garantías ante las entidades financieras para solicitar una financiación que le permita adquirir la maquinaria, el local o la estructura necesaria para atender a ese crecimiento de la producción? En el caso que pudiera obtener financiación externa ¿tendrá capacidad de devolución?, ¿cuáles serán los flujos de caja que presentará la compañía en los próximos ejercicios?, ¿se ha tenido en cuenta estas circunstancias en los acuerdos previos y en el establecimiento de las condiciones comerciales con estos dos nuevos clientes potenciales? Por último, ¿tiene la empresa unos recursos humanos sólidos, estables, capacitados para atender a este incremento del volumen de producción?

.../...

.../...

De forma paralela, la empresa deberá evaluar a esos clientes que ha captado, para ello tendríamos cuestiones como: ¿son solventes estos nuevos clientes?, ¿tienen capacidad de pago?, ¿se pueden ver afectados por cambios en la legislación económica, política, medioambiental, etc.?, ¿en qué sector o industria se mueven?, ¿qué público objetivo tienen estos nuevos clientes, administración, empresas, particulares?

A modo de conclusión de este pequeño ejemplo, hemos formulado muchas preguntas y solo dos o tres se referían estrictamente a los "números" de la empresa. El resto de las preguntas nos van a dar información muy valiosa sobre la conveniencia o rentabilidad futura de este nuevo proyecto.

2.3. Análisis externo

También se analizarán factores a nivel externo. Este análisis se centrará solo en aquellos factores del entorno que influyen en la empresa.

Podemos distinguir dos tipos de análisis del entorno:

1. Análisis del **entorno general** que se refiere a todo aquello que afecta a la empresa en su sistema socioeconómico.

2. Análisis del **entorno específico** que se refiere al sector de actividad al que pertenece la empresa.

La empresa puede verse gravemente afectada por cambios políticos, administrativos, tributarios, cambios en el mercado en los tipos de interés, fluctuación en los tipos de cotización, fluctuación en los tipos de cambio de divisas, etc. En definitiva, la empresa puede sufrir diversos riesgos que le impedirán cumplir con sus obligaciones, sean estas de tipo contractual, mercantil, fiscal o de tesorería:

1. **Riesgo de crédito**.

2. **Riesgo operativo u operacional**: falta de adecuación de los procesos internos, fallos en los sistemas, o como consecuencia de factores externos.

3. **Riesgo de liquidez**.

4. **Riesgo legal**: imposibilidad de ejecución de contratos por defectos formales (documentación, capacidad, etc.).

 Todo entorno se caracteriza por cuatro variables: estabilidad, complejidad, diversidad y hostilidad.

3. Análisis PESTEL

Con esta herramienta se analizarán los **factores políticos, económicos, sociales, tecnológicos y legales** (PESTEL), que puedan afectar a la empresa.

1. **Plano sociocultural**: en el plano sociocultural se tendrá en cuenta las creencias, valores, actitudes, condiciones culturales, ecológicas, cambios demográficos, religiosos, educativos que afecten a la población.

2. **Plano científico y tecnológico**: en el plano científico y tecnológico se tendrá en cuenta la obsolescencia y la innovación mediante productos, técnicas o procesos con el fin de mejorar la competitividad de la empresa.

3. **Plano político y legal**: en el plano político-legal se incluirán todas las regulaciones normativas, procedimientos administrativos, así como las subvenciones o ayudas a las que la empresa pudiera acceder.

4. Análisis DAFO

El análisis DAFO (debilidades, amenazas, fortalezas y oportunidades) permite realizar un diagnóstico de la situación de la empresa e identificar los puntos fuertes y débiles, tanto a nivel interno (debilidades y fortalezas), como a nivel externo, del sector o industria o de la sociedad en su conjunto (amenazas y oportunidades).

En el ámbito de análisis de las cuentas anuales podemos realizar el análisis sobre datos cualitativos o sobre los estados financieros. La información que obtendremos es distinta, pero permitirá a la empresa adaptarse a los cambios antes de que sucedan.

A partir de la **información cualitativa** obtenida del DAFO podrán tomar medidas estratégicas a seguir mediante el análisis CAME (corregir, afrontar, mantener y explotar), que propone:

⇨ **Estrategias defensivas**: cuyo objetivo será optimizar las ventajas competi-

tivas de la empresa. Se persigue un cambio en la estructura y en la actividad. Supondrá una reorientación.

⇨ **Estrategias de supervivencia**: cuyo objetivo es encontrar una solución a un problema grave, supondrá aplicar alternativas drásticas.

⇨ **Estrategias de reorientación**: cuyo objetivo es minimizar las debilidades de la empresa. Persigue mejorar los procesos productivos.

⇨ **Estrategias ofensivas**: cuyo objetivo es maximizar las fuerzas de la empresa, orientándose hacia la innovación y lanzamiento de nuevos servicios.

5. Diagrama causa-efecto

Una vez se disponga de la relación de las debilidades, amenazas, fortalezas y oportunidades se puede trasladar al diagrama de causa-efecto. De esta manera se podrán identificar aquellos factores que tienen consecuencias en el funcionamiento de la empresa.

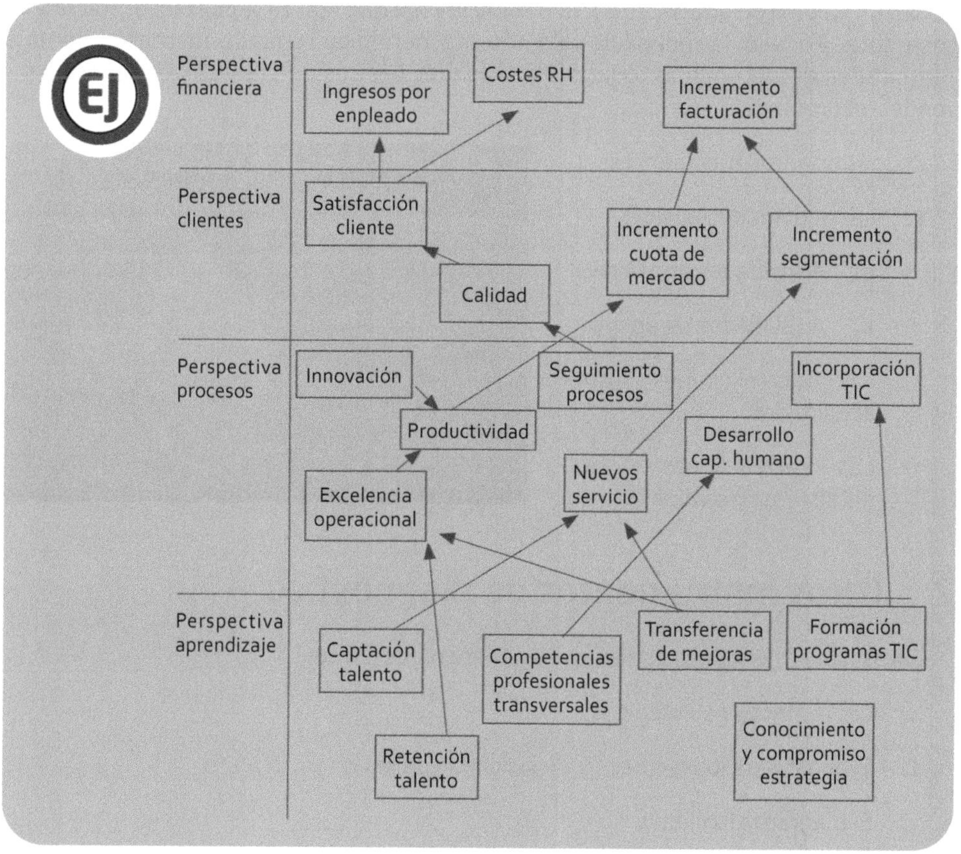

EJ

| Perspectiva financiera | Ingresos por enpleado | Costes RH | Incremento facturación |

| Perspectiva clientes | Satisfacción cliente | Calidad | Incremento cuota de mercado | Incremento segmentación |

| Perspectiva procesos | Innovación | Productividad | Seguimiento procesos | Nuevos servicio | Desarrollo cap. humano | Incorporación TIC |

| Excelencia operacional |

| Perspectiva aprendizaje | Captación talento | Competencias profesionales transversales | Transferencia de mejoras | Formación programas TIC |

| Retención talento | Conocimiento y compromiso estrategia |

El diagrama causa-efecto, con el resto de las herramientas, permitirá conocer los puntos débiles sobre los que la empresa debe actuar y estrategias a implementar.

Uno de los objetivos que buscará toda empresa es conseguir una gestión efectiva del riesgo financiero. En ese sentido el diagrama le permitirá implementar las siguientes fases o tareas:

1. Identificar las fuentes de riesgo que afectan a la empresa.

2. Determinar la probabilidad de que se produzcan estos riesgos en la empresa y su magnitud.

3. Adoptar aquellas medidas que permitan reducir esa exposición al riesgo o sus consecuencias.

6. Cadena de valor

La cadena de valor parte de la idea que todas las actividades que realiza una empresa tienen un valor asociado al producto o servicio final que realiza y, por tanto, afecta a su coste total. Por ello, la cadena de valor intenta identificar todas las fuentes de ventaja competitiva desagregando todas las actividades básicas que realiza la empresa para vender un producto o servicio.

Encontraríamos tres fuentes:

1. Las actividades básicas:

  a) Actividades primarias.

  b) Actividades de apoyo.

2. Las interrelaciones entre actividades.

3. Las interrelaciones dentro del sistema de valor.

7. Otros instrumentos de diagnóstico

Otras herramientas de análisis y diagnóstico podrán ser:

1. Las matrices estratégicas.

2. El análisis de los recursos y de las capacidades.

3. El diagrama Ishikawa.

8. Indicadores favorables y desfavorables en el análisis cualitativo

8.1. Factores de éxito o indicadores favorables

Aunque de la información que hemos trabajado en los puntos anteriores podemos intuir los aspectos que harán peligrar la solvencia y el futuro de las empresas, vamos a tratar de enumerar los factores o indicadores más relevantes.

Los **factores de éxito** o indicadores favorables en el análisis cualitativo son:

1. Empresario o gerente con carácter y formación profesional.

2. Cualidades personales.

3. Cualidades profesionales.

4. Contar con productos o servicios de gran éxito.

5. Llevar a cabo una política financiera adecuada.

6. Personal formado y motivado.

7. Circuito de producción optimizado.

8.2. Factores de fracaso o indicadores desfavorables

Los **factores de fracaso** o indicadores desfavorables en el análisis cualitativo son:

1. Excesivo crédito a los clientes.

2. Nivel de existencias elevado.

3. Crecimiento rápido.

4. Nivel estabilidad.

5. Excesivo endeudamiento.

6. Excesivo crédito de proveedores.

7. Excesivo endeudamiento bancario.

8. Nivel de concentración o dependencia elevado.

9. Falta de formación y experiencia.

10. Negocios especulativos.

8.3. Riesgos

Si no se diagnostican y se toman las medidas oportunas podrían producirse diversos riesgos, como los que se enumeran a continuación:

Organización	Control insuficiente de unidades de producción o centros de negocio. Falta de liderazgo. Dimensionamiento incorrecto. Descentralización mal gestionada.
Recursos humanos	Gestión incorrecta del personal. Baja productividad por motivación, formación o falta de habilidades. Costes laborales inadecuados. Conflictos de intereses. Falta de sistemas de información.
Tecnología y producción	Infrautilización de la maquinaria o instalaciones. Tecnologías obsoletas que incrementan los costes o la calidad del producto.
Problemas de costes	Falta de contabilidad analítica o por costes. Los costes de producción hagan el producto poco competitivo. Costes de fallos o desechos excesivos. Se presenten unos costes de estructura que estén alineados con el nivel de ventas. El exceso de costes puede reducir el margen del producto. Los costes de distribución sean excesivos. Que existan unidades de centro de costes o unidades de negocio que presenten pérdidas continuas y que no se hayan detectado.
Comerciales	No haber realizado un correcto análisis DAFO y/o PEST. Ventas que no superan el umbral de rentabilidad. Diversificación de producto mal planificada. Obsolescencia de los productos. Lanzamiento de productos sin un correcto estudio de mercado. Precios de venta que no cubren los costes fijos y variables imputados al producto. Falta de reacción ante acciones de marketing de la competencia.

En esta unidad hemos conocido la importancia de los datos de tipo valorativo de una compañía, y cómo estos pueden hacer fracasar a la empresa en conseguir el logro de sus objetivos.

Se ha resaltado que la empresa debe realizar su diagnóstico de forma periódica y además de forma preventiva con el fin de tomar las decisiones oportunas para paliar o minimizar las consecuencias que deriven de los puntos débiles analizados.

No se puede descartar ninguna fuente de información ya que en su conjunto nos deberá aportar una imagen del cliente coherente con su capacidad económico-financiera.

Hemos conocido que al cliente se le debe analizar económicamente para tratar de evitar riesgos de solvencia, de liquidez, etc., pero también desde un punto de vista cualitativo. Para ello es fundamental conocer el sector, el mercado, a las personas que forman parte del equipo del proyecto, la tecnología que utiliza la empresa, la dependencia que tiene de factores externos, que podrían ser de tipo comercial, legal, tecnológico, etc.

UNIDAD DIDÁCTICA 2

Cuentas anuales e informe de auditoría

Introducción

1. Clasificación de empresas
2. Documentos que integran las cuentas anuales
3. Estructura de las cuentas anuales
4. Cifra anual de negocios
5. Número medio de trabajadores
6. Empresas del grupo, multigrupo y asociadas
7. Formulación de cuentas anuales
8. Análisis contable
9. Balance
10. Cuenta de pérdidas y ganancias
11. Estado de cambios en el patrimonio neto
12. El estado de flujos de efectivo
13. La Memoria
14. Informe de gestión
15. El informe de gobierno corporativo
16. El estado de información no financiera
17. Informe de auditoría

Resumen

Los **objetivos** de esta unidad son:

1. Interpretar, desde el punto de vista contable, la información representada en los documentos-justificantes de las operaciones económico-financieras que afecten al patrimonio empresarial.

2. Identificar los requisitos que debe reunir la información contable.

3. Describir los diferentes tipos de documentos contables que componen las cuentas anuales.

4. Formular las prescripciones legales que regulan la legalización de la documentación contable.

5. Desarrollar los documentos que componen las cuentas anuales.

Introducción

A lo largo de esta unidad se presentarán los documentos que integran las cuentas anuales y los requisitos para su formulación en formato abreviado. También se analizarán las diferencias entre los modelos normal y abreviado del balance, la cuenta de pérdidas y ganancias, el estado de cambios en el patrimonio neto y la memoria; así como los flujos de efectivo de las actividades de explotación, inversión y financiación.

Las cuentas anuales se elaborarán con una periodicidad de doce meses, salvo en los casos de constitución, modificación de la fecha de cierre del ejercicio social o disolución.

Estas deberán ser formuladas por el empresario o los administradores, que responderán de su veracidad, en el plazo máximo de tres meses, a contar desde el cierre del ejercicio.

Las cuentas anuales expresarán sus valores en euros; no obstante lo anterior, podrán expresarse los valores en miles o millones de euros cuando la magnitud de las cifras así lo aconseje, debiendo indicarse esta circunstancia en las cuentas anuales. Cuando pueda formularse balance y memoria en modelo abreviado, el estado de cambios en el patrimonio neto y el estado de flujos de efectivo no será obligatorio. La legalización de estos libros y la conservación son aspectos que analizaremos también en esta unidad.

1. Clasificación de empresas

A nivel europeo, e independientemente del tipo de estados contables que presenten, el Reglamento (UE) nº 651/2014 de la Comisión, de 17 de junio de 2014, por el que se declaran determinadas categorías de ayudas compatibles con el mercado interior en aplicación de los artículos 107 y 108 del Tratado, establece la siguiente categoría de empresas:

1. **Mediana empresa**: aquella que ocupa a menos de 250 personas y cuyo volumen de negocios anual no excede de 50 millones de euros o cuyo balance general anual no excede de 43 millones de euros.

2. **Pequeña empresa**: aquella que ocupa a menos de 50 personas y cuyo volumen de negocios anual o cuyo balance general anual no supera los 10 millones de euros.

3. **Microempresa**: aquella que ocupa a menos de 10 personas y cuyo volumen de negocios anual o cuyo balance general anual no supera los 2 millones de euros.

Categoría de empresa	Efectivos	Volumen de negocio	Balance general
Mediana	< 250	≤ 50 millones EUR	≤ 43 millones EUR
Pequeña	< 50	≤ 10 millones EUR	≤ 10 millones EUR
Micro	< 10	≤ 2 millones EUR	≤ 2 millones EUR

2. Documentos que integran las cuentas anuales

Los documentos que integran las cuentas anuales son:

⇨ El balance.

⇨ La cuenta de pérdidas y ganancias.

⇨ El estado de cambios en el patrimonio neto.

⇨ El estado de flujos de efectivo.

⇨ La memoria.

Estos documentos forman una unidad y deben ser redactados de conformidad con lo previsto en el Código de Comercio, el texto refundido de la Ley de Sociedades de Capital y en este Plan General de Contabilidad; en particular, sobre la base del Marco Conceptual de la Contabilidad y con la finalidad de mostrar la imagen fiel del patrimonio, de la situación financiera y de los resultados de la empresa.

Cuando, según veremos más adelante, pueda formularse balance y memoria en modelo abreviado, el estado de cambios en el patrimonio neto y el estado de flujos de efectivo no serán obligatorios.

Los datos reflejados harán referencia al ejercicio en curso y al inmediatamente anterior, excepto en el primer ejercicio de actividad de la entidad.

Al finalizar el ejercicio, el órgano de administración de la empresa deberá formular las cuentas anuales en el plazo máximo de 3 meses.

Antes de 6 meses desde el cierre del ejercicio la empresa deberá celebrar Junta General, en la que, entre otros puntos, figurará la aprobación de las cuentas anuales y el reparto del beneficio. Estas cuentas serán depositadas en el Registro Mercantil en un plazo máximo de 30 días.

Además de formular y aprobar las cuentas anuales, las empresas deberán llevar dos libros contables: el Libro Diario y el Libro de Inventarios y Cuentas Anuales.

3. Estructura de las cuentas anuales

3.1. Introducción

Existen tres modelos de cuentas anuales:

1. Los normales.

2. Los abreviados.

3. Los correspondientes a pequeñas y medianas empresas.

	Modelo pymes		Modelo abreviado		Modelo normal	
	Microempresa	Resto pymes				
	Balance, pérdidas y ganancias, estado cambios patrimonio neto, memoria.		Balance, estado de cambios patrimonio neto, memoria.	Pérdidas y ganancias.	Balance, estado de cambios patrimonio neto, estado de flujos de efectivo, memoria.	Pérdidas y ganancias.
Condiciones	Durante dos ejercicios consecutivos deben reunir, a la fecha de cierre de cada uno de ellos, al menos, dos de las circunstancias siguientes (1).		Durante dos ejercicios consecutivos deben reunir, a la fecha de cierre de cada uno de ellos al menos, dos de las circunstancias siguientes (1).			
Total activo (€)	<1.000.000	<2.850.000	<4.000.000	<11.400.000	Resto	Resto
Importe neto cifra negocios (€)	<2.000.000	<5.700.000	<8.000.000	<22.800.000	Resto	Resto
No medio trabajadores	<10	<50	<50	<250	Resto	Resto

(1) En el ejercicio social de su constitución, transformación o fusión, las sociedades podrán formular cuentas anuales según el modelo de pymes o el modelo abreviado si reúnen, al cierre del ejercicio, al menos dos de las tres circunstancias expresadas en el cuadro anterior.

3.2. Modelo abreviado

Las sociedades podrán utilizar los **modelos** de cuentas anuales **abreviados** en los siguientes casos:

⇨ **Balance y memoria abreviados**

Las sociedades en las que a la fecha de cierre del ejercicio concurran, al menos, dos de las circunstancias siguientes:

- Que el total de las partidas del activo no supere los cuatro millones de euros. A estos efectos, se entenderá por total activo el total que figura en el modelo del balance.

- Que el importe neto de su cifra anual de negocios no supere los ocho millones de euros.

- Que el número medio de trabajadores empleados durante el ejercicio no sea superior a 50.

⇨ **Cuenta de pérdidas y ganancias abreviada**

Las sociedades en las que a la fecha de cierre del ejercicio concurran, al menos, dos de las circunstancias siguientes:

- Que el total de las partidas del activo no supere los once millones cuatrocientos mil euros. A estos efectos, se entenderá por total activo el total que figura en el modelo del balance.

- Que el importe neto de su cifra anual de negocios no supere los veintidós millones ochocientos mil euros.

- Que el número medio de trabajadores empleados durante el ejercicio no sea superior a 250.

Cuando una sociedad, en la fecha de cierre del ejercicio, pase a cumplir dos de las circunstancias antes indicadas o bien cese de cumplirlas, tal situación únicamente producirá efectos en cuanto a lo señalado en este apartado si se repite durante dos ejercicios consecutivos.

Si la empresa formase parte de un grupo de empresas, para la cuantificación de los importes se tendrá en cuenta la suma del activo, del importe neto de la cifra de negocios y del número medio de trabajadores del conjunto de las entidades que conformen el grupo, teniendo en cuenta las eliminaciones e incorporaciones reguladas en las normas de consolidación aprobadas en desarrollo de los principios contenidos en el Código de Comercio. Esta regla no será de aplicación cuando la información financiera de la empresa se integre en las cuentas anuales consolidadas de la sociedad dominante.

3.3. Plan general de contabilidad de pymes

3.3.1. Empresas que pueden aplicarlo

Podrán aplicar el **plan general de contabilidad de pymes** y su modelo de cuentas anuales, todas las empresas, cualquiera que sea su forma jurídica, individual o societaria, que durante dos ejercicios consecutivos reúnan, a la fecha de cierre de cada uno de ellos, al menos dos de las circunstancias siguientes:

1. Que el total de las partidas del activo no supere los cuatro millones de euros.

2. Que el importe neto de su cifra anual de negocios no supere los ocho millones de euros.

3. Que el número medio de trabajadores empleados durante el ejercicio no sea superior a cincuenta.

Las empresas perderán la facultad de aplicar el plan general de contabilidad de pymes si dejan de reunir, durante dos ejercicios consecutivos, a la fecha de cierre de cada uno de ellos, dos de las circunstancias a que se refiere el párrafo anterior.

En el ejercicio social de su constitución, las empresas podrán aplicar este plan general de contabilidad de pymes si reúnen, al cierre de dicho ejercicio, al menos dos de las tres circunstancias expresadas en este apartado.

En ningún caso podrán aplicar este plan general de contabilidad de pymes, las empresas que se encuentren en alguna de las siguientes circunstancias:

a) Que cumpla la definición de entidad de interés público regulada en el artículo 3.5 de la Ley 22/2015, de 20 de julio, de Auditoría de Cuentas.

b) Que forme parte de un grupo de sociedades que formule o debiera haber formulado cuentas anuales consolidadas.

c) Que su moneda funcional sea distinta del euro.

d) Que se trate de entidades financieras que capten fondos del público asumiendo obligaciones respecto a los mismos y las entidades que asuman la gestión de las anteriores.

 La opción que una empresa de aplicar el plan general de contabilidad de pymes o el plan general de contabilidad, deberá mantenerse de forma continuada, como mínimo, durante tres ejercicios, a no ser que, con anterioridad al transcurso de dicho plazo, la empresa pierda la facultad de aplicar el plan general de contabilidad de pymes, conforme a lo establecido en los apartados anteriores.

3.3.2. Criterios específicos aplicables por microempresas

Al formular las cuentas anuales según el plan general de contabilidad de pymes, se podrán aplicar **criterios específicos aplicables por microempresas** si durante dos ejercicios consecutivos reúnan, a la fecha de cierre de cada uno de ellos, al menos dos de las siguientes circunstancias:

1. Que el total de las partidas del activo no supere el millón de euros.

2. Que el importe neto de su cifra anual de negocios no supere los dos millones de euros.

3. Que el número medio de trabajadores empleados durante el ejercicio no sea superior a diez.

Las empresas perderán la facultad de aplicar los criterios específicos contenidos en este último apartado si dejan de reunir, durante dos ejercicios consecutivos, a la fecha de cierre de cada uno de ellos, dos de las circunstancias a que se refiere el párrafo anterior.

En el ejercicio social de su constitución o transformación, las empresas podrán aplicar los criterios específicos contenidos en el presente artículo si reúnen, al cierre de dicho ejercicio, al menos dos de las tres circunstancias expresadas en este apartado.

3.4. Modelo normal

Las normas de elaboración de las cuentas anuales del PGC establecen que las cuentas anuales de las sociedades anónimas, incluidas las laborales, de las sociedades de responsabilidad limitada, incluidas las laborales, de las sociedades en comandita por acciones y de las sociedades cooperativas, deberán adaptarse al modelo normal. Las sociedades colectivas y comanditarias simples, cuando a la fecha de cierre del ejercicio todos los socios colectivos sean sociedades españolas o extranjeras, también deberán adaptarse al **modelo normal**.

No obstante, cuando estas sociedades cumplan los requisitos establecidos en el punto anterior, podrán utilizar los modelos de cuentas anuales abreviados.

1. Las empresas con otra forma societaria no mencionadas en la norma anterior, así como los empresarios individuales, estarán obligados a formular, como mínimo, las cuentas anuales abreviadas.

2. Las entidades calificadas como entidades de interés público en el artículo 3.5 de la Ley 22/2015, de 20 de julio, de Auditoría de Cuentas, no podrán formular cuentas anuales abreviadas.

4. Cifra anual de negocios

El **importe neto** de la cifra anual de negocios se determinará deduciendo del importe de las ventas de los productos y de las prestaciones de servicios u otros ingresos correspondientes a las actividades ordinarias de la empresa, el importe de cualquier descuento (bonificaciones y demás reducciones sobre las ventas) y el del IVA y otros impuestos directamente relacionados con las mismas, que deban ser objeto de repercusión.

5. Número medio de trabajadores

Para la determinación del número medio de trabajadores se considerarán todas aquellas personas que tengan o hayan tenido alguna relación laboral con la empresa durante el ejercicio, promediadas según el tiempo durante el cual hayan prestado sus servicios.

6. Empresas del grupo, multigrupo y asociadas

A efectos de la presentación de las cuentas anuales de una empresa o sociedad, se entenderá que otra empresa forma parte del grupo cuando ambas estén vinculadas por una relación de control, directa o indirecta, análoga a la prevista en el artículo 42 del Código de Comercio para los grupos de sociedades o cuando las empresas estén controladas por cualquier medio por una o varias personas físicas o jurídicas, que actúen conjuntamente o se hallen bajo dirección única por acuerdos o cláusulas estatutarias.

 Se entenderá que una empresa es asociada cuando, sin que se trate de una empresa del grupo, en el sentido señalado anteriormente, la empresa o alguna o algunas de las empresas del grupo en caso de existir este, incluidas las entidades o personas físicas dominantes, ejerzan sobre tal empresa una influencia significativa por tener una participación en ella que, creando con esta una vinculación duradera, esté destinada a contribuir a su actividad.

En este sentido, se entiende que existe influencia significativa en la gestión de otra empresa, cuando se cumplan los dos requisitos siguientes:

a) La empresa o una o varias empresas del grupo, incluidas las entidades o personas físicas dominantes, participan en la empresa.

b) Se tenga el poder de intervenir en las decisiones de política financiera y de explotación de la participada, sin llegar a tener el control.

Asimismo, la existencia de influencia significativa se podrá evidenciar a través de cualquiera de las siguientes vías:

1. Representación en el consejo de administración u órgano equivalente de dirección de la empresa participada.

2. Participación en los procesos de fijación de políticas.

3. Transacciones de importancia relativa con la participada.

4. Intercambio de personal directivo.

5. Suministro de información técnica esencial.

Se presumirá, salvo prueba en contrario, que existe influencia significativa cuando la empresa o una o varias empresas del grupo incluidas las entidades o personas físicas dominantes, posean, al menos, el 20 por 100 de los derechos de voto de otra sociedad.

 Se entenderá por empresa multigrupo aquella que esté gestionada conjuntamente por la empresa o alguna o algunas de las empresas del grupo en caso de existir este, incluidas las entidades o personas físicas dominantes, y uno o varios terceros ajenos al grupo de empresas.

7. Formulación de cuentas anuales

Las cuentas anuales se elaborarán con una **periodicidad de doce meses**, salvo en los casos de constitución, modificación de la fecha de cierre del ejercicio social o disolución.

Las cuentas anuales deberán ser **formuladas por el empresario o los administradores**, quienes responderán de su veracidad, en el plazo máximo de tres meses, a contar desde el cierre del ejercicio. A estos efectos, las cuentas anuales expresarán la fecha en que se hubieran formulado y deberán ser firmadas por el empresario, por todos los socios ilimitadamente responsables por las deudas sociales, o por todos los administradores de la sociedad; si faltara la firma de alguno de ellos, se hará expresa indicación de la causa, en cada uno de los documentos en que falte.

El balance, la cuenta de pérdidas y ganancias, el estado de cambios en el patrimonio neto, el estado de flujos de efectivo y la memoria deberán estar **identificados**, indicándose de forma clara y en cada uno de dichos documentos su denominación, la empresa a que corresponden y el ejercicio al que se refieren.

Las cuentas anuales se elaborarán **expresando sus valores en euros**; no obstante lo anterior, podrán expresarse los valores en miles o millones de euros cuando la magnitud de las cifras así lo aconseje, debiendo indicarse esta circunstancia en las cuentas anuales.

8. Análisis contable

El análisis contable se clasifica en tres grupos:

1. **Análisis patrimonial de la empresa**: tiene como finalidad la estructura y la composición del activo (estructura económica) y del pasivo (estructura financiera), las relaciones entre las diferentes masas patrimoniales y el equilibrio financiero y de las inversiones.

2. **Análisis financiero de los estados contables de la empresa**: tiene la finalidad de estudiar la solvencia y la liquidez de las inversiones, es decir, la capacidad de la empresa para atender sus obligaciones a corto y medio plazo y su necesidad de financiación.

3. **Análisis económico**: estudia los resultados de la empresa partiendo de la cuenta de pérdidas y ganancias para obtener una visión conjunta de la rentabilidad de los capitales invertidos, la productividad, el crecimiento de la empresa y las expectativas de futuro.

9. Balance

9.1. Concepto

 El balance es el documento que refleja la fotografía de la situación patrimonial de la empresa en un momento concreto, entendiendo esta como el conjunto de bienes, derechos y, obligaciones de la empresa y como conoceremos a lo largo de estas unidades, es un documento de análisis estático.

Forma parte de las cuentas anuales, junto a los siguientes documentos:

1. La cuenta de pérdidas y ganancias.

2. El estado de cambios en el patrimonio neto.

3. El estado de flujos de efectivo.

4. La memoria.

9.2. Requisitos de la información

Toda esta información debe ser relevante, fiable y justificable. La información contable debe cumplir unos requisitos:

⇨ **Objetiva**: las cuentas anuales deben respetar las normas de valoración del PGC y la información que suministre debe ser interpretada del mismo modo por cualquier usuario.

⇨ **Fiable**: no debe haber errores significativos.

⇨ **Completa**: no debe ocultar ningún aspecto de la realidad económico-financiera de la empresa.

⇨ **Relevante**: debe ayudar a los usuarios a tomar decisiones.

⇨ **Comparable**: la información de varias empresas debe ser susceptible de comparación.

Esta información puede venir acompañada del informe de auditoría para dar solidez a la información facilitada. En muchas empresas (sobre todo en EE. UU.) esta información también suele venir acompañada de la cuenta del estado de origen y aplicación de fondos (en inglés *cash-flow statement*).

Las empresas están obligadas a auditar cuando durante dos años consecutivos concurran al menos dos de las tres siguientes circunstancias:

⇨ Que el importe neto de la cifra de negocio supere los 5.700.000 euros.

⇨ Que el total de partidas del activo superen 2.850.000 euros.

⇨ Que el número medio de trabajadores durante el ejercicio supere los 50.

El balance además nos indica la procedencia y el origen de la financiación de los recursos de la compañía. Todo lo que existe en una empresa es un recurso y se expresa en unidades monetarias.

9.3. Análisis del balance

Analizar un balance es analizar el patrimonio desde el punto de vista financiero. Tiene como principal objetivo determinar la capacidad de pago de la empresa, desde el punto de vista de la solvencia y de la liquidez.

Este análisis se puede realizar mediante ratios que veremos en otra unidad y mediante la observación de las masas patrimoniales, que determinarán la estabilidad o equilibrio financiero de la empresa.

Un **desequilibrio en el balance** puede suponer dificultad para atender los pagos o producirse una causa de disolución de la empresa por pérdidas que dejen reducido el patrimonio neto a una cantidad inferior a la mitad del capital social, a no ser que este se aumente o se reduzca en la medida suficiente, y siempre que no sea procedente solicitar la declaración de concurso, o en cumplimiento de una ley.

9.4. Masas patrimoniales

9.4.1. Introducción

Todo balance se compone de tres masas patrimoniales: activo (activo no corriente y activo corriente), patrimonio neto y pasivo (pasivo no corriente y pasivo corriente).

El activo refleja los bienes, inversiones y derechos de la empresa, y sus partidas se ordenan de mayor a menor liquidez o disponibilidad.

En el pasivo y patrimonio neto se reflejan las obligaciones, deudas y los orígenes de la financiación, y sus masas patrimoniales se clasifican de mayor a menor exigibilidad.

En términos del *cash management*, podríamos decir que el pasivo y el patrimonio neto constituyen el origen de los recursos de una compañía; y el activo, la aplicación de los mismos.

Activo	No corriente o fijo	
	Corriente o circulante	Existencias.
		Realizable: activo circulante que no es ni existencias ni disponible.
		Disponible: dinero existente en caja y bancos.
Pasivo y patrimonio neto	Pasivo	Pasivo no corriente o exigible a largo plazo.
		Pasivo corriente o exigible a corto plazo.
	Patrimonio neto o fondos propios	

9.4.2. Composición de las partidas

La composición de cada una de las partidas de forma resumida sería:

⇨ **Activo no corriente**

Activos destinados a servir de forma duradera en la empresa, así como aquellas inversiones financieras cuyo vencimiento, enajenación o realización se espera que habrá de producirse en un plazo superior a un año.

⇨ **Activo corriente**

Aquellas cuentas necesarias y fruto del desarrollo de la actividad empresarial y que pueden ser transformadas en dinero en un plazo inferior a un año.

 Existencias, deudores a corto plazo, tesorería, etc.

El análisis de la liquidez de una empresa, que trataremos a través de ratios, se basa en estas dos masas patrimoniales.

Para convertir en líquido (dinero) las existencias deberemos venderlas, el plazo será relativamente breve. Convertir en líquido el saldo de los clientes nos llevará un máximo de 60 días según la normativa vigente. En cambio, si la liquidez la debemos adquirir de la venta de una máquina o un inmueble nos llevará más tiempo. Además, hay que tener en consideración la inconveniencia de vender un inmovilizado necesario para el proceso productivo.

La misma denominación nos servirá si clasificamos los bienes y derechos que componen el activo según el criterio de destino o función. Así, en el activo no corriente tendremos bienes cuyo destino no es la venta o el consumo; y en el activo corriente tendremos todos aquellos bienes o derechos cuyo destino sea la venta o el consumo.

Estas clasificaciones que, a priori, parecen claras y sencillas de aplicar, no lo son en la práctica, ya que dependerán de varios factores. La Norma Internacional de Contabilidad (NIC 1) nos ayuda en esta labor y establece que un activo se clasificará como corriente cuando satisfaga alguno de los siguientes criterios:

1. Se espera realizar, o se pretenda vender o consumir, en el transcurso del ciclo normal de la explotación de la entidad.

2. Se mantenga fundamentalmente con fines de negociación.

3. Se espere realizar dentro del periodo de los doce meses posteriores a la fecha del balance.

4. O se trate de efectivo u otro medio equivalente al efectivo.

Todos los demás activos, dice la NIC 1, se clasificarán como no corrientes.

El ciclo normal de la explotación de una entidad es el periodo de tiempo que transcurre entre la adquisición de los activos materiales, que entran en el proceso productivo y la realización de los productos en forma de efectivo o equivalentes al efectivo. Cuando no sea identificable, se entenderá que este ciclo es de 12 meses.

En una empresa industrial que fabrique botellas de plástico, se encontrará en su activo no corriente la maquinaria que utiliza y los ordenadores, por ejemplo.

Pero una empresa industrial que fabrique ordenadores habrá clasificado en su activo no corriente aquellos ordenadores que utiliza en los diferentes departamentos para llevar a cabo sus tareas, pero tendrá en el activo corriente aquellos aparatos resultantes de su proceso productivo y que van destinados a la venta.

45

⇨ **Patrimonio neto**

Corresponde a la diferencia entre el activo y todas las deudas de la empresa (pasivo). Incorpora no solo el capital aportado por los propietarios de la empresa, sino que también encontraremos, entre otras partidas, en forma de reservas, aquellos resultados que no han sido distribuidos entre los socios. Esta partida es indicativa de la capacidad de hacer frente a las obligaciones contraídas con los terceros con los recursos propios de la empresa. La ley regula esta partida en diferentes normas:

1.   El artículo 362 d) de la Ley de Sociedades de Capital (Real Decreto Legislativo 1/2010) incluye como una de las causas de disolución la reducción del patrimonio, como consecuencia de las pérdidas, a una cantidad inferior a la mitad del capital social, a no ser que se aumente o reduzca lo suficiente y siempre que no sea procedente solicitar la declaración de concurso conforme a lo dispuesto en la Ley Concursal.

2.   El artículo 327 de la Ley de Sociedades de Capital (Real Decreto Legislativo 1/2010) establece que, en la sociedad anónima, la reducción del capital tendrá carácter obligatorio cuando las pérdidas hayan disminuido su patrimonio neto por debajo de las dos terceras partes de la cifra del capital y hubiere transcurrido un ejercicio social sin haberse recuperado el patrimonio neto.

⇨ **Pasivo**

Aquí se encontrarán obligaciones actuales surgidas como consecuencia de sucesos pasados para cuya extinción la empresa espera desprenderse de recursos que puedan producir beneficios o rendimientos en el futuro.

 Ejemplos de pasivos serían los préstamos, los créditos, las cantidades adeudadas a proveedores, etc.

Los pasivos deben reconocerse en el balance cuando sea probable que a su vencimiento y para liquidar la obligación, deban entregarse o cederse recursos, y siempre que se puedan valorar con fiabilidad.

Se clasificará en:

1.   Pasivo no corriente, que incorpora las deudas que tiene la empresa con proveedores de recursos, tanto de naturaleza corriente (crédito comercial) como financiera (crédito financiero), cuyo vencimiento es a partir de un año.

2. Pasivo corriente, que también incorpora deudas, pero en este caso, su vencimiento es inferior a un año.

Aquí, la NIC 1 también nos ayuda en la clasificación de estas partidas y establece que se clasificará como corriente cuando satisfaga alguno de los siguientes criterios:

1. Se espere liquidar en el ciclo normal de la explotación de la entidad.

2. Se mantenga fundamentalmente para la negociación.

3. Deba liquidarse dentro del periodo de doce meses desde la fecha del balance.

4. La entidad no tenga el derecho incondicional para aplazar la cancelación del pasivo durante, al menos, los doce meses siguientes a la fecha del balance.

Todos los demás pasivos, dice la NIC 1, se clasificarán como no corrientes.

9.4.3. Equilibrio del balance

El primer punto de equilibrio que debe presentar el balance es que el activo sea igual a la suma del patrimonio neto más el pasivo:

ACTIVO = PATRIMONIO NETO + PASIVO	

ACTIVO NO CORRIENTE
• Inmovilizado intangible
• Inmovilizado material
  - Construcciones
  - Maquinaria
  - Aplicaciones informáticas
  - Elementos de transporte
• Inversiones inmobiliarias
• Inversiones financieras a LP
	PATRIMONIO NETO (RECURSOS PROPIOS)
	• Capital.
	• Reservas.
	• Resultado del ejercicio.
	....
	PASIVO NO CORRIENTE (EXIGIBLE A LP)
	• Deudas con entidades de crédito a LP
	• Otros acreedores/deudas a LP

ACTIVO CORRIENTE
• Existencias
  - Materias primas/prod.curso
  - Anticipo a proveedores
• Realizable
  - Clientes
  - Otros créditos con la Administración
  - Créditos concedidos c/p
• Disponible
  - Tesorería
	PASIVO CORRIENTE (EXIGIBLE CP)
	• Deudas con entidades de crédito a CP
	• Acreedores comerciales (proveedores, anticipos recibidos de clientes, ...)
	• Otras deudas a CP no comerciales (deudas con Hacienda, Seg. Social, fianzas recibidas a CP...)

Cualquier alteración en una masa patrimonial implicará simultáneamente otra variación en la misma o distinta masa patrimonial, lo que va a comportar un equilibrio automático entre el activo y patrimonio neto y pasivo:

ACTIVO = PASIVO + PATRIMONIO NETO

La empresa Yuka Ligota, S. L. presenta los siguientes saldos contables a fecha 31/12/XX. Con esta información confecciona el balance de situación:

(206) Aplicaciones informáticas 300

(213) Maquinaria 15.110

(214) Utillaje 625

(216) Mobiliario 4.808

217) Equipos para procesos de información 4.106

(218) Elementos transporte 22.538

(250) Inversiones financieras a largo plazo 1.200

(407) Anticipos a proveedores 500

(460) Anticipos de remuneraciones 150

(572) Bancos 22.492

(570) Caja 408

(100) Capital Social 46.073

(520) Deudas a corto plazo ent. c. 7.890

(523) Proveedores de inmov. cp. 10.174

(525) Efectos a pagar a corto plazo 8.100

.../...

.../...

SOLUCION

Activo		PN y Pasivo	
ACTIVO CORRIENTE		**PATRIMONIO**	46.073
(206) Aplicaciones informáticas	300	**NETO**	
(213) Maquinaria	15.110	(100) Capital	
(214) Utillaje	625	Social	
(216) Mobiliario	4.808		
(217) Equipos para procesos de inf.	4.106		
(218) Elementos transporte	22.538		
(250) Inversiones financieras a lp.	1.200		
ACTIVO CORRIENTE		**PASIVO**	
(407) Anticipos a proveedores	500	**CORRIENTE**	
(460) Anticipos de remuneraciones	150	(520) Deudas a corto plazo ent. c.	7.890
(572) Bancos	22.492	(523) Proveedores de inmov. cp.	10.174
(570) Caja	408	(525) Efectos a pagar a corto plazo	8.100
TOTAL	**72.237**	**TOTAL**	**72.237**

10. Cuenta de pérdidas y ganancias

10.1. Conceptos del análisis de pérdidas y ganancias

La cuenta de pérdidas y ganancias, al igual que el balance, es uno de los documentos que componen los estados financieros o cuentas anuales de la entidad. Este documento recoge el resultado del ejercicio, formado por los ingresos y los gastos del mismo, excepto cuando proceda su imputación directa al patrimonio neto de acuerdo con lo previsto en las normas de registro y valoración.

⇨ El análisis de la cuenta de resultados o cuenta de pérdidas y ganancias se basará en determinar el **beneficio** o el rendimiento del activo.

⇨ El resultado obtenido **modifica el valor patrimonial** de la empresa, ya que forma parte del patrimonio neto. Si obtenemos beneficio el patrimonio se incrementará, y si tenemos pérdidas su valor se reducirá.

⇨ La cuenta de pérdidas y ganancias no recogerá los cobros y pagos, sino los ingresos y gastos en base al **principio** de **devengo,** independientemente de su fecha de cobro o pago.

Algunos conceptos del análisis de la cuenta de pérdidas y ganancias son:

⇨ **EBITDA**: beneficio neto antes de amortizaciones, provisiones, intereses e impuestos.

⇨ **EBIT**: beneficios antes de intereses e impuestos.

⇨ **EBT/BAI**: beneficio neto antes de impuestos.

⇨ **Margen bruto**: diferencia entre las ventas y el coste de ventas (gastos variables). Debe ser suficiente para cubrir el resto de los gastos y alcanzar los objetivos de rentabilidad.

⇨ **Gastos de estructura o gastos fijos**: gastos derivados de la estructura de la sociedad y no directamente imputables a los productos.

La estructura de la cuenta de pérdidas y ganancias, de forma muy resumida, es la siguiente:

Ingresos por ventas

- Coste de las ventas

= Margen bruto

- Gastos generales

- Amortizaciones y depreciaciones

= Resultado explotación

+ Ingresos financieros

- Gastos financieros

= Beneficio antes de impuestos

- Impuesto sobre beneficios

= Resultado del ejercicio

10.2. Ingresos

Un ingreso es un incremento de los recursos económicos de la entidad, durante el periodo contable, que genera un incremento de los fondos propios, un aumento del activo o una disminución del pasivo.

En la partida de ingresos encontramos los que proceden de las actividades ordinarias y las ganancias de operaciones extraordinarias. Las ordinarias corresponden a las ventas, prestaciones de servicios y otros ingresos de explotación que se reflejarán en la cuenta de pérdidas y ganancias por su importe neto de devoluciones y descuentos.

1. El concepto de ingreso sigue el criterio del devengo (sin considerar si se cobra o no), por lo que un ingreso será toda operación que incremente el patrimonio de la empresa.

2. El concepto cobro sigue el criterio de caja, por lo que solo son cobros aquellos ingresos que han producido un flujo de efectivos.

Dentro de la sección de ingresos tendremos también la partida de trabajos realizados por otras empresas, que recoge los importes correspondientes a actividades realizadas por otras empresas en el proceso productivo.

Una actividad interrumpida es todo componente de una empresa que ha sido enajenado o se ha dispuesto de él por otra vía, o bien que ha sido clasificado como mantenido para la venta, y:

a) Represente una línea de negocio o un área geográfica de la explotación, que sea significativa y pueda considerarse separada del resto.

b) Forme parte de un plan individual y coordinado para enajenar o disponer por otra vía de una línea de negocio o de un área geográfica de la explotación que sea significativa y pueda considerarse separada del resto.

c) O sea una empresa dependiente adquirida exclusivamente con la finalidad de venderla.

A la hora de imputar y clasificar tanto los ingresos como los gastos a la cuenta de resultados deberemos atender a su naturaleza.

El importe correspondiente a las ventas, prestaciones de servicios y otros ingresos de explotación se reflejará en la cuenta de pérdidas y ganancias por su importe neto de devoluciones y descuentos.

10.3. Coste de las ventas

El concepto "coste de las ventas" está asociado a las mercancías y productos elaborados que se han vendido. Se obtiene por la suma del valor de las compras de la mercancía o de las materias primas y el valor de las variaciones de existencias.

Las **existencias** se valorarán inicialmente por los bienes y servicios comprendidos en las existencias. Se valorarán por su coste, ya sea el precio de adquisición o el coste de producción.

Los impuestos indirectos que gravan las existencias solo se incluirán en el precio de adquisición o coste de producción cuando no sean recuperables directamente de la Hacienda Pública.

 Aquella empresa que realiza una actividad económica sujeta y no exenta del IVA presentará su autoliquidación mensual o trimestral del impuesto y, por tanto, el IVA soportado en sus compras no figurará en la cuenta de resultados o pérdidas y ganancias.

En las existencias que necesiten un periodo de tiempo superior a un año para estar en condiciones de ser vendidas, se incluirán en el precio de adquisición o coste de producción, los gastos financieros, en los términos previstos en la norma sobre el inmovilizado material.

Los anticipos a proveedores a cuenta de suministros futuros de existencias se valorarán por su coste. Los débitos por operaciones comerciales se valorarán de acuerdo con lo dispuesto en la norma relativa a instrumentos financieros.

El **precio de adquisición** incluye el importe facturado por el vendedor después de deducir cualquier descuento, rebaja en el precio u otras partidas similares, así como los intereses incorporados al nominal de los débitos, y se añadirán todos los gastos adicionales que se produzcan hasta que los bienes se hallen ubicados para su venta, tales como transportes, aranceles de aduanas, seguros y otros directamente atribuibles a la adquisición de las existencias.

Se entenderá por **coste de producción** al precio de adquisición de las materias primas y otras materias consumibles, los costes directamente imputables al producto.

También deberá añadirse la parte que razonablemente corresponda de los costes indirectamente imputables a los productos de que se trate, en la medida en que tales costes correspondan al periodo de fabricación, elaboración o construcción, en los que se haya incurrido al ubicarlos para su venta y se basen en el nivel de utilización de la capacidad normal de trabajo de los medios de producción.

Cuando se trate de asignar valor a bienes concretos que forman parte de un inventario de bienes intercambiables entre sí, se adoptará con carácter general el método del precio medio o coste medio ponderado. El método FIFO es aceptable y puede adoptarse si la empresa lo considerase más conveniente para su gestión. Se utilizará un único método de asignación de valor para todas las existencias que tengan una naturaleza y uso similares. Cuando se trate de bienes no intercambiables entre sí o bienes producidos y segregados para un proyecto específico, el valor se asignará identificando el precio o los costes específicamente imputables a cada bien individualmente considerado.

10.4. Gastos

10.4.1. Concepto

Un gasto es una disminución de los recursos económicos de la entidad, durante un periodo contable, que origina disminuciones en los fondos propios, ya sea en forma de disminuciones en el activo o aumento de un pasivo.

En la partida de gastos se encuentran aquellos que surgen de las actividades ordinarias o recurrentes, como las pérdidas que se originen.

En la partida de gastos generales se encuentran todos aquellos gastos necesarios para que la empresa funcione. En esta partida encontramos gastos relacionados con:

1. Arrendamientos.

2. Reparaciones de los bienes que figuran en el activo del balance.

3. Servicios profesionales independientes.

4. Transportes realizados por terceros.

5. Primas de seguros.

6. Suministros.

7. Publicidad.

8. Comunicaciones.

9. Sueldos y salarios del personal.

El concepto de gasto sigue el criterio del devengo (sin considerar si se paga o no), por lo que un gasto será toda operación que disminuya el patrimonio de la empresa.

El concepto de pago sigue el criterio de caja, por lo que solo son pagos aquellos gastos que hayan generado un flujo de efectivos.

10.4.2. Tipos de pagos en pequeñas empresas

Las empresas pequeñas suelen confundir los gastos que soporta su negocio con los pagos que realiza efectivamente. Como ya hemos visto, ambos conceptos difieren. Los pagos que estas pequeñas empresas suelen confundir con gastos son:

⇨ **Amortización financiera de una deuda**

En todo préstamo tendremos dos conceptos, uno que corresponde a la amortización que se realiza sobre el capital pendiente y que, por tanto, reduce la deuda que figura en el pasivo de balance, pero no se registra en la cuenta de pérdidas y ganancias; el otro concepto, corresponde a los intereses, que se registran en la partida de gastos financieros de la cuenta de pérdidas y ganancias.

⇨ **Inversiones o inmovilizado**

Ya hemos visto, en la unidad anterior, que estos bienes o derechos se encuentran en el activo del balance.

En el caso de que sean bienes amortizables, su partida anual de amortización se registrará en la cuenta de pérdidas y ganancias, al mismo tiempo, que se minora su valor en el activo.

10.5. Amortizaciones y depreciaciones

La amortización es la imputación anual a la cuenta de resultados del coste del inmovilizado, a lo largo de su vida útil estimada.

Todos los bienes del activo no corriente deben ser amortizados anualmente en un porcentaje que dependerá del bien que se trate y por cuotas anuales iguales o decrecientes. Los terrenos que forman parte del activo no corriente no se amortizan.

Las depreciaciones son disminuciones de valor de los activos que no pueden ser imputados como amortización.

10.6. Ingresos y gastos financieros

⇨ **Ingresos financieros**

Los **ingresos** están relacionados con las rentas que generan los activos financieros que se encuentran en el balance.

Pueden proceder de la participación en instrumentos de patrimonio (dividendos), de créditos concedidos, de valores representativos de deuda (intereses de bonos y obligaciones emitidos por otras empresas), o por la venta de acciones o bonos de otras empresas.

⇨ **Gastos financieros**

Los **gastos financieros** proceden de los pasivos financieros que figuran en el balance.

Pueden proceder de deudas o préstamos recibidos por la empresa, obligaciones y bonos emitidos por la empresa, o pérdidas en la venta de acciones y bonos de otras empresas.

10.7. Impuesto sobre beneficios o de sociedades

El gravamen dependerá de la legislación de cada país. En España el tipo general es el 25%, aunque desde el 2023 algunas entidades podrán aplicar el 23%, otras por ser de nueva constitución aplicarán el 15% a sus beneficios y en otras ocasiones, el porcentaje dependerá del tipo de entidad. Este se aplica sobre la base imponible del impuesto que no siempre coincide con el resultado del ejercicio o beneficio antes de impuesto (BAI).

⇨ **EBIT (Earnings Before Interests and Taxes)**

Es el resultado antes de intereses e impuestos. Nos indica la rentabilidad de la actividad suponiendo que todo el capital aportado es de los propios socios. Es el beneficio de explotación de empresa, independientemente de su tributación.

⇨ **EBITDA (Earnings Before Interests, Taxes, Depreciation and Amortization)**

Es el beneficio antes de intereses, impuestos y amortizaciones y depreciaciones.

Es un beneficio operativo que ofrece información muy valiosa sobre la marcha del negocio básico de la empresa, sin tener en cuenta la estructura financiera y al margen de la política fiscal o de amortizaciones.

⇨ **EBT (Earnings Before Taxes)**

Es el resultado antes de deducir los impuestos y después de restar los gastos financieros y sumar los ingresos financieros.

⇨ **EAT (Earnings After Taxes)**

Es el resultado de restar al EBT los impuestos que la compañía debe pagar. Mide el beneficio de libre disposición.

10.8. Reparto de beneficios

El **beneficio** generado en el ejercicio podrá ser aplicado a:

1. Reparto entre los socios o accionistas en forma de dividendo.

2. Cancelar la cuenta "dividendo activo a cuenta", en el caso que la empresa haya repartido beneficios de forma previa.

3. Aplicarlo a reservas e incrementando el patrimonio neto de la entidad.

4. Compensación de pérdidas de ejercicios anteriores.

Antes de aplicar el beneficio, la empresa deberá comprobar que tiene dotada correctamente la reserva legal.

Existen tres **tipos de reservas**:

1. **Legal**: a la que se imputará el 10% del beneficio del ejercicio hasta que alcance el 20% del capital social.

2. **Voluntarias**: son libremente constituidas por los socios o accionistas de la entidad.

3. **Estatutarias**: que pueden venir marcadas por los estatutos sociales o por la normativa específica que se aplique a la entidad.

Existen otros supuestos, de ámbito fiscal, en el que nos obligará dicha normativa la constitución de una reserva especial, como sería una reserva de nivelación o reserva de capitalización.

En caso de que el resultado del **ejercicio sean pérdidas** no habrá distribución y las opciones que se presentan son:

1. Compensar las pérdidas con las reservas previamente acumuladas.

2. Aportación de los socios para compensar estas pérdidas.

3. Contabilizarlas como "resultado negativo de ejercicios anteriores", que disminuiría el patrimonio neto de la entidad.

10.9. Confección de cuenta de pérdidas y ganancias

Como hemos comentado, la estructura de la cuenta de pérdidas y ganancias es:

Ingresos por ventas

- Coste de las ventas

= Margen bruto

- Gastos generales

= EBITDA

- Amortizaciones y depreciaciones

= BAIT

+ Ingresos financieros

- Gastos financieros

= BAI o BAT o Resultado explotación

- Impuesto sobre beneficios

= Resultado del ejercicio o BDI

La confección de las cuentas de pérdidas y ganancias se realiza a partir de la **información que consta en la contabilidad en las cuentas 6 y 7.**

Dentro de las cuentas 7 tendríamos aquellos ingresos propios de la actividad ordinaria de la empresa, como ventas o prestación de servicios, y aquellos ingresos que proceden de otras actividades, como sería el arrendamiento de bienes.

Dentro de las cuentas que comienzan por 6 tendríamos todas aquellas vinculadas a los costes de las ventas, como serían las compras de mercancías, de materias primas o variación de existencias.

También tendríamos los servicios generales cuyas cuentas comienzan por 62, entre las que encontramos gastos de arrendamiento, por suministros, por servicios profesionales independientes, entre otros. Los gastos de personal, codificados con cuentas que comienzan por 64. O los gastos financieros, codificados con el 66, entre otros.

11. Estado de cambios en el patrimonio neto

El estado de cambios en el patrimonio neto informa de las variaciones que se han producido en relación con la financiación que no son deudas, y consta de dos partes:

⇨ **Estado de ingresos y gastos reconocidos**

Recoge los cambios en el patrimonio neto derivados de:

1. El resultado del ejercicio de la cuenta de pérdidas y ganancias.

2. Los ingresos y gastos que, según lo requerido por las normas de registro y valoración, deban imputarse directamente al patrimonio neto de la empresa.

3. Las transferencias realizadas a la cuenta de pérdidas y ganancias según lo dispuesto por este plan general de contabilidad.

Este documento se formulará teniendo en cuenta que:

1. Los importes relativos a los ingresos y gastos imputados directamente al patrimonio neto, y las transferencias a la cuenta de pérdidas y ganancias se registrarán por su importe bruto, mostrándose en una partida separada su correspondiente efecto impositivo.

2. Si existe un elemento patrimonial clasificado como "Activos no corrientes mantenidos para la venta" o como "Pasivos vinculados con activos no corrientes mantenidos para la venta": que implique que su valoración produzca cambios que deban registrarse directamente en el patrimonio neto (por ejemplo, activos financieros disponibles para la venta), se creará un epígrafe específico "Activos no corrientes y pasivos vinculados, mantenidos para la venta" dentro de las agrupaciones "B. Ingresos y gastos imputados directamente al patrimonio neto" y "C. Transferencias a la cuenta de pérdidas y ganancias".

3. Si excepcionalmente, la moneda o monedas funcionales de la empresa fueran distintas del euro, las variaciones de valor derivadas de la conversión a la moneda de presentación de las cuentas anuales se registrarán en el patrimonio neto, para lo que se creará un epígrafe específico "Diferencias de conversión" dentro de las agrupaciones "B. Ingresos y gastos imputados directamente al patrimonio neto" y "C. Transferencias a la cuenta de pérdidas y ganancias". En estos epígrafes figurarán los cambios de valor de los instrumentos de cobertura de inversión neta de un negocio en el extranjero que, de acuerdo con lo dispuesto en las normas de registro y valoración, deban imputarse a patrimonio neto.

⇨ **Estado total de cambios en el patrimonio neto**

Informa de todos los cambios habidos en el patrimonio neto derivados de:

1. El saldo total de los ingresos y gastos reconocidos.

2. Las variaciones originadas en el patrimonio neto por operaciones con los socios o propietarios de la empresa cuando actúen como tales.

3. Las restantes variaciones que se produzcan en el patrimonio neto.

4. También se informará de los ajustes al patrimonio neto debidos a cambios en criterios contables y correcciones de errores.

Cuando se advierta un error en el ejercicio a que se refieren las cuentas anuales que corresponda a un ejercicio anterior al comparativo, se informará en la memoria, e incluirá el correspondiente ajuste en el epígrafe A.II. del Estado total de cambios en el patrimonio neto, de forma que el patrimonio inicial de dicho ejercicio comparativo será objeto de modificación en aras de recoger la rectificación del error. En el supuesto de que el error corresponda al ejercicio comparativo dicho ajuste se incluirá en el epígrafe C.II. del Estado total de cambios en el patrimonio neto.

Las mismas reglas se aplicarán respecto a los cambios de criterio contable.

Supongamos que nuestra empresa ha realizado a lo largo de los años N, N-1 y N-2 las siguientes operaciones que suponen variaciones en el patrimonio neto:

1. En el año N-2 le fue concedida una subvención de 20.000 € para la financiar en un 100% la compra de inmovilizado. Se imputarán a resultados, a partir del año N-1, 5.000 € anuales correspondientes a la cuota de amortización de los bienes adquiridos. En el año N-2 se acuerda que los socios aporten 500 € para la compensación de pérdidas.

2. En relación con el resultado de los ejercicios disponemos de los siguientes datos:

    ⇨ Año N-2: resultado del año N-2: 1.000 (pérdida).

    ⇨ Año N-1: resultado del año N-1: 2.500 (beneficio).

    ⇨ Año N: se determina la distribución del resultado del año N-1:

    La base de reparto son 2.500 (2.500 de beneficio del año N-1), que se acuerdan distribuir de la siguiente forma:

    •   500 para la compensación de pérdidas del año N-2.

    •   600 para la constitución de reservas.

    •   1.400 para la distribución de dividendos de los que 1.000 fueron objeto de entrega a cuenta.

    Resultado del año N: 3.000

3. En el año N-1 se acuerda una ampliación de capital de 2.000, el capital social con anterioridad a la ampliación era de 10.000.

SOLUCIÓN:

Veamos cómo quedaría el estado de cambios en el patrimonio neto.

.../...

…/…

	Capital escriturado	Capital no exigido	Prima de emisión	Reservas	(Acciones y participaciones en patrimonio propias)	Resultados de ejercicios anteriores	Otras aportaciones de socios	Resultado del ejercicio	(Dividendo a cuenta)	Subvenciones y donaciones	TOTAL
A. SALDO, FINAL DEL AÑO 200X - 2	10.000						500	(1.000)		20.000	**29.500**
I. Ajustes por cambios de criterio 200X-2 y anteriores.											
II. Ajustes por errores 200X-2 y anteriores											
B. SALDO AJUSTADO, INICIO DEL AÑO 200X-1	10.000						500	(1.000)		20.000	**29.500**
I. Resultado de la cuenta de pérdidas y ganancias						(1.000)		2.500			1.500
II. Ingresos y gastos reconocidos en patrimonioneto										(5.000)	(5.000)
III. Operaciones con socios o propietarios.											
1. Aumentos de capital.	2.000										2.000
2. (–) Reducciones de capital.											
3. Otras operaciones con socios o propietarios.									(1.000)		(1.000)
IV. Otras variaciones del patrimonio neto.						500	(500)	1.000			1.000
C. SALDO, FINAL DEL AÑO N – 1	12.000					(500)		2.500	(1.000)	15.000	**28.000**
I. Ajustes por cambios de criterio 200X-1.											
II. Ajustes por errores 200X-1.											
D. SALDO AJUSTADO, INICIO DEL AÑO 200X	12.000					(500)		2.500	(1.000)	15.000	**28.000**
I. Resultado de la cuenta de pérdidas y ganancias.								3.000			3.000
II. Ingresos y gastos reconocidos en el patrimonio neto										(5.000)	(5.000)
III. Operaciones con socios o propietarios.											
1. Aumentos de capital.											
2. (–) Reducciones de capital.											
3. Otras operaciones con socios o propietarios.								(1.400)	1.000		(400)
IV. Otras variaciones del patrimonio neto.				600		500		(1.100)			
E. SALDO, FINAL DEL AÑO 200X	12.000			600				3.000		10.000	**25.600**

12. El estado de flujos de efectivo

12.1. Introducción

El estado de flujos de efectivo (EFE) se incorporó en el PGC del 2007. Informa sobre el origen y la utilización de los activos monetarios representativos de efectivo y otros activos líquidos equivalentes, clasificando los movimientos por actividades e indicando la variación neta de dicha magnitud en el ejercicio, coincide en su cálculo, información y análisis con el estado de flujos de tesorería o *cash-flow*.

El estado de flujos de efectivo, cuando se usa de forma conjunta con el resto de los estados financieros, suministra información que permite a los usuarios evaluar los cambios en los activos netos de la entidad, su estructura financiera (incluyendo su liquidez y solvencia) y su capacidad para modificar tanto los importes como las fechas de cobros y pagos, a fin de adaptarse a la evolución de las circunstancias y a las oportunidades que se puedan presentar.

La información acerca de los flujos de efectivo es útil para evaluar la capacidad que la entidad tiene para generar efectivo y equivalentes al efectivo, permitiendo a los usuarios desarrollar modelos para evaluar y comparar el valor actual de los flujos netos de efectivo de diferentes entidades. También posibilita la comparación de la información sobre el rendimiento de la explotación de diferentes entidades, ya que elimina los efectos de utilizar distintos tratamientos contables para las mismas transacciones y sucesos económicos.

Con frecuencia, la información histórica sobre flujos de efectivo se usa como indicador del importe, momento de la aparición y certidumbre de flujos de efectivo futuros. Es también útil para comprobar la exactitud de evaluaciones pasadas respecto de los flujos futuros, así como para examinar la relación entre rendimiento, flujos de efectivo netos y el impacto de los cambios en los precios.

Como hemos comentado, el estado de flujos de efectivo informa sobre el origen y la utilización de los activos monetarios representativos de efectivo y otros activos líquidos equivalentes, clasificando los movimientos por actividades e indicando la variación neta de dicha magnitud en el ejercicio. Es decir, independientemente del modo en el que se cobre o se pague, el flujo de caja representa las salidas y entradas netas de dinero que tiene una empresa o proyecto en un periodo determinado.

Por tanto, los flujos de caja facilitan información acerca de la capacidad de la empresa para pagar sus deudas. Entenderemos por "efectivo y otros activos líquidos equivalentes" a la partida de tesorería del balance de situación y los instrumentos financieros convertibles en efectivo o aquellos en los que su vencimiento no fuera superior a tres meses, siempre que no exista riesgo significativo de cambios de valor y formen parte de la política de gestión normal de la tesorería de la empresa.

12.2. Tipos de actividades

El EFE se agrupa en actividades de explotación, inversión o financiación:

1. Actividades operativas o de explotación, que generan beneficios y remuneran los recursos.

2. Actividades financieras, que buscan recursos para el negocio.

3. Actividades inversoras, que analizan dónde colocar o aplicar los recursos.

Las tres actividades reflejan el ciclo integral que sigue la empresa. La actividad financiera será necesaria para disponer de los recursos necesarios (inversiones) y generar fondos a partir de la actividad operativa.

Todas las entradas de caja son orígenes de fondos, y todas las salidas de caja son aplicaciones de fondos.

12.3. Flujos de efectivo procedentes de las actividades de explotación

Los **flujos de efectivo procedentes de las actividades de explotación** son fundamentalmente los ocasionados por las actividades que constituyen la principal fuente de ingresos de la empresa, así como por otras actividades que no puedan ser calificadas como de inversión o financiación.

La variación del flujo de efectivo ocasionada por estas actividades se mostrará por su importe neto, a excepción de los flujos de efectivo correspondientes a intereses, dividendos percibidos e impuestos sobre beneficios, de los que se informará separadamente.

A estos efectos, el resultado del ejercicio antes de impuestos será objeto de corrección para eliminar los gastos e ingresos que no hayan producido un movimiento de efectivo e incorporar las transacciones de ejercicios anteriores cobradas o pagadas en el actual, clasificando separadamente los siguientes conceptos:

a) Los ajustes para eliminar.

b) Los cambios en el capital corriente que tengan su origen en una diferencia en el tiempo entre la corriente real de bienes y servicios de las actividades de explotación y su corriente monetaria.

c) Los flujos de efectivo por intereses, incluidos los contabilizados como mayor valor de los activos, y cobros de dividendos.

d) Los flujos de efectivo por impuesto sobre beneficios.

La **estructura** de este flujo de efectivo es:

A) FLUJOS DE EFECTIVO DE LAS ACTIVIDADES DE EXPLOTACIÓN

    1. **Resultado del ejercicio antes de impuestos.**

    2. **Ajustes del resultado.**

        a) Amortización del inmovilizado (+).

        b) 2.Correcciones valorativas por deterioro (+/-).

        c) 3.Variación de provisiones (+/-).

        d) 4.Imputación de subvenciones (-).

        e) Resultados por bajas y enajenaciones del inmovilizado (+/-).

        f) Resultados por bajas y enajenaciones de instrumentos financieros (+/-).

        g) Ingresos financieros (-).

        h) Gastos financieros (+).

        i) Diferencias de cambio (+/-).

        j) Variación de valor razonable en instrumentos financieros (+/-).

        k) Otros ingresos y gastos (-/+).

    3. **Cambios en el capital corriente.**

        a) Existencias (+/-).

        b) Deudores y otras cuentas a cobrar (+/-).

        c) Otros activos corrientes (+/-).

        d) Acreedores y otras cuentas a pagar (+/-).

        e) Otros pasivos corrientes (+/-).

        f) Otros activos y pasivos no corrientes (+/-).

    4. **Otros flujos de efectivo de las actividades de explotación.**

        a) Pagos de intereses (-).

        b) Cobros de dividendos (+).

c) Cobros de intereses (+).

d) Cobros (pagos) por impuesto sobre beneficios (+/-).

e) Otros pagos (cobros) (-/+).

5. **Flujos de efectivo de las activ. de explotación (+/-1+/-2+/-3+/-4).**

A) FLUJOS DE EFECTIVO DE LAS ACTIVIDADES DE EXPLOTACIÓN	
1. Resultado del ejercicio antes de impuestos.	**12.000**
2. Ajustes del resultado.	**15.000**
a) Amortización del inmovilizado (+).	15.000
b) Correcciones valorativas por deterioro (+/-).	
c) Variación de provisiones (+/-).	
d) Imputación de subvenciones (-)	-5.000
e) Resultados por bajas y enajenaciones del inmovilizado (+/-).	
f) Resultados por bajas y enajenaciones de instrumentos financieros (+/-).	
g) Ingresos financieros (-).	-1.000
h) Gastos financieros (+).	400
i) Diferencias de cambio (+/-).	
j) Variación de valor razonable en instrumentos financieros (+/)	
k) Otros ingresos y gastos (-/+).	2.000
3. Cambios en el capital corriente.	**-8.500**
a) Existencias (+/-).	3.000
b) Deudores y otras cuentas a cobrar (+/-).	-12.000
c) Otros activos corrientes (+/-).	
d) Acreedores y otras cuentas a pagar (+/-).	500
e) Otros pasivos corrientes (+/-).	
f) Otros activos y pasivos no corrientes (+/-).	

…/…

.../...

4. Otros flujos de efectivo de las actividades de explotación.	-3.000
a) Pagos de intereses (-).	-4.000
b) Cobros de dividendos (+).	
c) Cobros de intereses (+).	1.00
d) Cobros (pagos) por impuesto sobre beneficios (+/-).	
e) Otros pagos (cobros) (-/+)	
5. Flujos de efectivo de las actividades de explotación (+/-1+/-2+/-3+/-4)	123.500

12.4. Flujos de efectivo por actividades de inversión

Los flujos de efectivo por actividades de inversión son los pagos que tienen su origen en la adquisición de activos no corrientes y otros activos no incluidos en el efectivo y otros activos líquidos equivalentes, tales como inmovilizados intangibles, materiales, inversiones inmobiliarias o inversiones financieras, así como los cobros procedentes de su enajenación o de su amortización al vencimiento.

La variación de efectivo y otros activos líquidos equivalentes ocasionada por la adquisición o enajenación de un conjunto de activos y pasivos que conformen un negocio o línea de actividad se incluirá, en su caso, como una única partida en las actividades de inversión, en el epígrafe de inversiones o desinversiones según corresponda, creándose una partida específica al efecto con la denominación "Unidad de negocio".

La **estructura** de este flujo de efectivo es:

B) FLUJOS DE EFECTIVO DE LAS ACTIVIDADES DE INVERSIÓN

6. **Pagos por inversiones (-).**

   a) Empresas del grupo y asociadas.

   b) Inmovilizado intangible.

   c) Inmovilizado material.

   d) Inversiones inmobiliarias.

   e) Otros activos financieros.

f)   Activos no corrientes mantenidos para venta.

g)   Otros activos.

7.   **Cobros por desinversiones (+).**

   a)   Empresas del grupo y asociadas.

   b)   Inmovilizado intangible.

   c)   Inmovilizado material.

   d)   Inversiones inmobiliarias.

   e)   Otros activos financieros.

   f)   Activos no corrientes mantenidos para venta.

   g)   Otros activos.

8.   **Flujos de efectivo de las actividades de inversión (7-6).**

B) FLUJOS DE EFECTIVO DE LAS ACTIVIDADES DE INVERSIÓN	
6. Pagos por inversiones (-).	**-60.000**
a) Empresas del grupo y asociadas.	
b) Inmovilizado intangible.	-10.000
c) Inmovilizado material.	
d) Inversiones inmobiliarias.	-40.000
e) Otros activos financieros.	-10.000
f) Activos no corrientes mantenidos para venta.	
g) Otros activos.	
7. Cobros por desinversiones (+).	**140.000**
a) Empresas del grupo y asociadas.	
b) Inmovilizado intangible.	
c) Inmovilizado material.	100.000
d) Inversiones inmobiliarias.	40.000
e) Otros activos financieros.	
f) Activos no corrientes mantenidos para venta.	
g) Otros activos.	
8. Flujos de efectivo de las actividades de inversión (7-6)	**80.000**

12.5. Flujos de efectivo por actividades de financiación

Los flujos de efectivo por actividades de financiación comprenden los cobros procedentes de la adquisición por terceros de títulos valores emitidos por la empresa o de recursos concedidos por entidades financieras o terceros, en forma de préstamos u otros instrumentos de financiación, así como los pagos realizados por amortización o devolución de las cantidades aportadas por ellos. Figurarán también como flujos de efectivo por actividades de financiación los pagos a favor de los accionistas en concepto de dividendos.

Los cobros y pagos procedentes de activos financieros, así como los correspondientes a los pasivos financieros de rotación elevada podrán mostrarse netos, siempre que se informe de ello en la memoria. Se considerará que el periodo de rotación es elevado cuando el plazo entre la fecha de adquisición y la de vencimiento no supere seis meses.

La **estructura** de este flujo de efectivo es:

C) FLUJOS DE EFECTIVO DE LAS ACTIVIDADES DE FINANCIACIÓN

9. **Cobros y pagos por instrumentos de patrimonio.**

   a) Emisión de instrumentos de patrimonio (-).

   b) Amortización de instrumentos de patrimonio (-).

   c) Adquisición de instrumentos de patrimonio propio (-).

   d) Enajenación de instrumentos de patrimonio propio (+).

   e) Subvenciones, donaciones y legados recibidos (+).

10. **Cobros y pagos por instrumentos de pasivo financiero.**

    a) Emisión

       1. Obligaciones y otros valores negociables (+).

       2. Deudas con entidades de crédito (+).

       3. Deudas con empresas del grupo y asociadas (+).

       4. Otras deudas (+).

    b) Devolución y amortización de:

       1. Obligaciones y otros valores negociables (-).

       2. Deudas con entidades de crédito (-).

       3. Deudas con empresas del grupo y asociadas (-).

       4. Otras deudas (-).

11. **Pagos por dividendos y remuneraciones de otros instrumentos de patrimonio.**

   a) Dividendos (-).

   b) Remuneración de otros instrumentos de patrimonio (-).

12. **Flujos de efectivo de las actividades de financiación (+/-9+/-10-11).**

C) FLUJOS DE EFECTIVO DE LAS ACTIVIDADES DE FINANCIACIÓN	
9. Cobros y pagos por instrumentos de patrimonio.	**120.000**
a) Emisión de instrumentos de patrimonio (+).	100.000
b) Amortización de instrumentos de patrimonio (-).	
c) Adquisición de instrumentos de patrimonio propio (-).	
d) Enajenación de instrumentos de patrimonio propio (+).	
e) Subvenciones, donaciones y legados recibidos (+).	20.000
10. Cobros y pagos por instrumentos de pasivo financiero.	**55.000**
a) Emisión	
1. Obligaciones y otros valores negociables (+).	
2. Deudas con entidades de crédito (+).	90.000
3. Deudas con empresas del grupo y asociadas (+)	
4. Otras deudas (+).	
b) Devolución y amortización de:	
1. Obligaciones y otros valores negociables (-).	
2. Deudas con entidades de crédito (-).	-35.000
3. Deudas con empresas del grupo y asociadas (-).	
4. Otras deudas (-).	
11. Pagos por dividendos y remuneraciones de otros instrumentos de patrimonio.	**-95.000**
a) Dividendos (-).	-95.000
b) Remuneración de otros instrumentos de patrimonio (-).	
12. Flujos de efectivo de las actividades de financiación (+/-9+/-10-11)	**80.000**

12.6. Ejemplo de estado de flujos de efectivo

Partiendo de los datos contemplados en los ejemplos anteriores tendríamos el siguiente estado de flujos de efectivo:

A) FLUJOS DE EFECTIVO DE LAS ACTIVIDADES DE EXPLOTACIÓN	
1. Resultado del ejercicio antes de impuestos.	**120.000**
2. Ajustes del resultado.	**15.000**
a) Amortización del inmovilizado (+).	15.000
b) Correcciones valorativas por deterioro (+/-).	
c) Variación de provisiones (+/-).	
d) Imputación de subvenciones (-)	-5.000
e) Resultados por bajas y enajenaciones del inmovilizado (+/-).	
f) Resultados por bajas y enajenaciones de instrumentos financieros (+/-).	
g) Ingresos financieros (-).	-1.000
h) Gastos financieros (+).	4.000
i) Diferencias de cambio (+/-).	
j) Variación de valor razonable en instrumentos financieros (+/)	
k) Otros ingresos y gastos (-/+).	2.000
3. Cambios en el capital corriente.	**-8.500**
a) Existencias (+/-).	3.000
b) Deudores y otras cuentas a cobrar (+/-).	-12.000
c) Otros activos corrientes (+/-).	
d) Acreedores y otras cuentas a pagar (+/-).	500
e) Otros pasivos corrientes (+/-).	
f) Otros activos y pasivos no corrientes (+/-).	
4. Otros flujos de efectivo de las actividades de explotación.	**-3.000**
a) Pagos de intereses (-).	-4.000
b) Cobros de dividendos (+).	
c) Cobros de intereses (+).	1.000
d) Cobros (pagos) por impuesto sobre beneficios (+/-).	
e) Otros pagos (cobros) (-/+)	
5. Flujos de efectivo de las actividades de explotación (+/-1+/-2+/-3+/-4)	**123.500**

B) FLUJOS DE EFECTIVO DE LAS ACTIVIDADES DE INVERSIÓN	
6. Pagos por inversiones (-).	-60.000
a) Empresas del grupo y asociadas.	
b) Inmovilizado intangible.	-10.000
c) Inmovilizado material.	
d) Inversiones inmobiliarias.	-40.000
e) Otros activos financieros.	-10.000
f) Activos no corrientes mantenidos para venta.	
g) Otros activos.	
7. Cobros por desinversiones (+).	140.000
a) Empresas del grupo y asociadas.	
b) Inmovilizado intangible.	
c) Inmovilizado material.	100.000
d) Inversiones inmobiliarias.	40.000
e) Otros activos financieros.	
f) Activos no corrientes mantenidos para venta.	
g) Otros activos.	
8. Flujos de efectivo de las actividades de inversión (7-6)	80.000
C) FLUJOS DE EFECTIVO DE LAS ACTIVIDADES DE FINANCIACIÓN	
9. Cobros y pagos por instrumentos de patrimonio.	120.000
a) Emisión de instrumentos de patrimonio (+).	100.000
b) Amortización de instrumentos de patrimonio (-).	
c) Adquisición de instrumentos de patrimonio propio (-).	
d) Enajenación de instrumentos de patrimonio propio (+).	
e) Subvenciones, donaciones y legados recibidos (+).	20.000
10. Cobros y pagos por instrumentos de pasivo financiero.	55.000
a) Emisión	
1. Obligaciones y otros valores negociables (+).	
2. Deudas con entidades de crédito (+).	90.000
3. Deudas con empresas del grupo y asociadas (+)	
4. Otras deudas (+).	
b) Devolución y amortización de:	
1. Obligaciones y otros valores negociables (-).	
2. Deudas con entidades de crédito (-).	-35.000

3. Deudas con empresas del grupo y asociadas (-).	
4. Otras deudas (-).	
11. Pagos por dividendos y remuneraciones de otros instrumentos de patrimonio.	**-95.000**
a) Dividendos (-).	-95.000
b) Remuneración de otros instrumentos de patrimonio (-).	
12. Flujos de efectivo de las actividades de financiación (+/-9+/-10-11)	**80.000**
D) EFECTO DE LAS VARIACIONES DE LOS TIPOS DE CAMBIO	
E) AUMENTO/DISMINUCIÓN NETA DEL EFECTIVO O EQUIVALENTES (+/-5+/-8+/-12+/- D)	**283.500**
Efectivo o equivalentes al comienzo del ejercicio.	20.000
Efectivo o equivalentes al final del ejercicio.	303.500

13. La memoria

13.1. Información

La memoria forma parte de las cuentas anuales. Su información completa, amplía y comenta la información contenida en los otros documentos contables. Nos aporta la siguiente información adicional:

1. Criterios y normas de registro y valoración aplicados.

2. Descripción de determinadas operaciones relevantes.

3. Presenta el detalle de composición y variaciones del inmovilizado, de los activos y pasivos financieros.

4. Información de la situación fiscal.

5. Sociedades vinculadas, identificando y cuantificando las operaciones y saldos con las mismas.

6. Otras informaciones (actividad, domicilio social, retribuciones de los administradores, etc.).

En definitiva, deberá indicarse cualquier otra información no incluida en el modelo de la memoria que sea necesaria para permitir el conocimiento de la situación y actividad de la empresa en el ejercicio, facilitando la comprensión de las cuentas anuales objeto de presentación, con el fin de que las mismas reflejen la imagen fiel del patrimonio, de la situación financiera y de los resultados de la empresa; en particular, se incluirán datos cualitativos correspondientes a la situación del ejercicio anterior cuando ello sea significativo. Adicionalmente, en la memoria se incorporará cualquier información que otra normativa exija incluir en este documento de las cuentas anuales.

 La información cuantitativa requerida en la memoria deberá referirse al ejercicio al que corresponden las cuentas anuales, así como al ejercicio anterior del que se ofrece información comparativa, salvo que específicamente una norma contable indique lo contrario.

En suma, como hemos comentado, la memoria complementa, amplía y comenta la información contenida en los otros documentos que integran las cuentas anuales.

13.2. Contenido mínimo

Respecto al contenido mínimo de la memoria, consta de 25 puntos, de los que se comentan algunos de ellos:

1. Actividad de la empresa.

2. Bases de presentación de las cuentas anuales.

3. Aplicación de resultados.

4. Normas de registro y valoración.

   Se indicarán los criterios contables aplicados en relación con las siguientes partidas:

   • Inmovilizado intangible, indicando los criterios utilizados de capitalización o activación, amortización y correcciones valorativas por deterioro.

   • En su caso, deberá indicarse de forma detallada el criterio de valoración seguido para calcular el importe recuperable de las unidades generadoras de efectivo a las que se haya asignado el fondo de comercio.

   • Inmovilizado material, indicando los criterios sobre amortización, correcciones valorativas por deterioro y reversión de las mismas, capitalización de gastos financieros, costes de ampliación, modernización y mejoras, costes de desmantelamiento o retiro, así como los costes de rehabilitación del lugar donde se asiente un activo y los criterios sobre la determinación del coste de los trabajos efectuados por la empresa para su inmovilizado.

   • Inversiones inmobiliarias.

   • Arrendamientos financieros y otras operaciones de naturaleza similar.

- Permutas.

- Instrumentos financieros.

- Coberturas contables.

- Existencias. Indicando los criterios de valoración y, en particular, precisando los seguidos sobre correcciones valorativas por deterioro y capitalización de gastos financieros.

- Transacciones en moneda extranjera.

- Impuesto sobre beneficios.

- Ingresos y gastos.

- Provisiones y contingencias.

- Elementos patrimoniales de naturaleza medioambiental.

- Gastos de personal, sobre todo, en lo que se refiere a compromisos por pensiones.

- Pagos basados en acciones.

- Subvenciones, donaciones y legados.

- Combinaciones de negocios.

- Negocios conjuntos.

- Transacciones entre partes vinculadas.

- Activos no corrientes mantenidos para la venta.

- Operaciones interrumpidas.

5. En este apartado resumimos los puntos 5. Inmovilizado material, 6. Inversiones inmobiliarias. 7. Inmovilizado intangible y 8. Arrendamientos y otras operaciones de naturaleza similar de la memoria

    a) Análisis del movimiento en el ejercicio de cada uno de estos epígrafes del balance, amortizaciones acumuladas y correcciones y reversiones por deterioro de valor. Se indicará: saldo inicial, entradas, salidas y saldo final.

    b) En el inmovilizado intangible se detallarán los que se estimen de vida útil indefinida y las razones de dicha estimación. Se indicará aquella información relacionada con activos afectos a garantías y reversión.

    c) Información relativa a inversiones inmobiliarias, descripción y destino de las mismas.

d) Información adicional sobre epígrafes significativos por su naturaleza o importe.

e) Arrendamientos financieros y operaciones de naturaleza similar sobre activos no corrientes: importe por el que se ha reconocido inicialmente (valor razonable o valor actual), duración del contrato, años transcurridos, cuotas pagadas, cuotas pendientes y, en su caso, valor de la opción de compra. También el importe de las cuotas contingentes reconocidas como gasto del ejercicio.

f) Para cada combinación de negocios que se haya realizado en el ejercicio, se expresará la cifra del fondo de comercio, desglosándose las correspondientes a las distintas combinaciones de negocios. La empresa realizará una conciliación entre el importe en libros del fondo de comercio al principio y al final del ejercicio.

6. Instrumentos financieros.

7. Existencias.

8. Moneda extranjera.

9. Situación fiscal.

10. Ingresos y gastos.

11. Provisiones y contingencias.

12. Información sobre medioambiente.

13. Retribuciones a largo plazo al personal.

14. Transacciones con pagos basados en instrumentos de patrimonio.

15. Subvenciones, donaciones y legados.

16. Combinaciones de negocios.

17. Negocios conjuntos.

18. Activos no corrientes mantenidos para la venta y operaciones interrumpidas.

19. Hechos posteriores al cierre.

20. Operaciones con partes vinculadas.

21. Otra información.

22. Información segmentada.

23. Otra información que se requiere en las cuentas anuales sería la información sobre derechos de emisión de gases de efecto invernadero, de la que se dará cuenta y la información sobre el período medio de pago a proveedores.

13.3. Modelo abreviado

El contenido de la memoria abreviada que se incluye en la sección relativa a los modelos abreviados de esta tercera parte del plan general de contabilidad tiene carácter de información mínima a cumplimentar por las empresas que puedan utilizarla. Adicionalmente, siempre que dichas empresas realicen operaciones cuya información en memoria esté regulada en el modelo normal de las cuentas anuales y no en el abreviado, habrán de incluir dicha información en la memoria abreviada. Entre estas transacciones pueden mencionarse: coberturas contables e información sobre el medioambiente, entre otras.

Las **diferencias entre la memoria normal y la abreviada** son varias, aunque, a distinto nivel, se persigue lo mismo. Así, en la memoria abreviada se reducen a diez puntos los que ha de desarrollar la empresa para formular la memoria.

Por otro lado, en el formato abreviado, no ha de expresarse información sobre existencias, moneda extranjera, provisiones y contingencias, retribuciones a largo plazo, activos no corrientes mantenidos para la venta, información segmentada, hechos posteriores al cierre, combinaciones de negocios, negocios conjuntos, medioambiente ni transacciones con pagos basados en instrumentos de patrimonio.

Además, los inmovilizados y arrendamientos se recogen en una sola nota. Por último, la nota sobre los instrumentos financieros se desglosa en tres puntos: activos financieros, pasivos financieros y fondos propios.

El **contenido de la memoria abreviada** es el siguiente:

1. Actividad de la empresa.

2. Bases de presentación de las cuentas anuales.

3. Normas de registro y valoración.

4. Inmovilizado material, intangible e inversiones inmobiliarias.

5. Activos financieros.

6. Pasivos financieros.

7. Fondos propios.

8. Situación fiscal.

9. Operaciones con partes vinculadas.

10. Otra información.

14. Informe de gestión

14.1. Introducción

El **informe de gestión** habrá de contener una exposición fiel sobre la evolución de los negocios y la situación de la sociedad, junto con una descripción de los principales riesgos e incertidumbres a los que se enfrenta.

La exposición consistirá en un análisis equilibrado y exhaustivo de la evolución y los resultados de los negocios y la situación de la sociedad, teniendo en cuenta la magnitud y la complejidad de la misma.

En la medida necesaria para la comprensión de la evolución, los resultados o la situación de la sociedad, este análisis incluirá tanto indicadores claves financieros como, cuando proceda, de carácter no financiero, que sean pertinentes respecto de la actividad empresarial concreta, incluida información sobre cuestiones relativas al medio ambiente, al personal y al cumplimiento de reglas en materia de igualdad y no discriminación y discapacidad. Se exceptúa de la obligación de incluir información de carácter no financiero, a las sociedades que tienen la calificación de empresas pequeñas y medianas de acuerdo con la Directiva 34/2013.

Por lo que NO estarán obligadas a elaborar el informe de gestión, las sociedades que, en la fecha de cierre del ejercicio, pasen a cumplir dos de las circunstancias indicadas a continuación, si se repiten durante dos ejercicios consecutivos (art. 257 de la LSC):

⇨ Que el total de las partidas del activo no supere los cuatro millones de euros. A estos efectos, se entenderá por total activo el total que figura en el modelo del balance.

⇨ Que el importe neto de su cifra anual de negocios no supere los ocho millones de euros.

⇨ Que el número medio de trabajadores empleados durante el ejercicio no sea superior a 50.

Al proporcionar este análisis, el informe de gestión incluirá, si procede, referencias y explicaciones complementarias sobre los importes detallados en las cuentas anuales.

Las sociedades que no puedan presentar cuenta de pérdidas y ganancias abreviada deberán indicar en el informe de gestión el periodo medio de pago a sus proveedores; en caso de que dicho periodo medio sea superior al máximo establecido en la normativa de morosidad, habrán de indicarse asimismo las medidas a aplicar en el siguiente ejercicio para su reducción hasta alcanzar dicho máximo.

Informará igualmente sobre los acontecimientos importantes para la sociedad ocurridos después del cierre del ejercicio, la evolución previsible de aquella, las actividades en materia de investigación y desarrollo y, en los términos establecidos en esta Ley, las adquisiciones de acciones propias.

Las sociedades que formulen balance y estado de cambios en el patrimonio neto abreviados no estarán obligadas a elaborar el informe de gestión. En ese caso, si la sociedad hubiera adquirido acciones propias o de su sociedad dominante, deberá incluir en la memoria, como mínimo, las menciones exigidas por la letra d) del artículo 148.

14.2. Contenido

Según recomendación del Consejo General de Economistas de España, con respecto al uso de instrumentos financieros por la sociedad, y cuando resulte relevante para la valoración de sus activos, pasivos, situación financiera y resultados, el informe de gestión incluirá lo siguiente:

a) Objetivos y políticas de gestión del riesgo financiero de la sociedad, incluida la política aplicada para cubrir cada tipo significativo de transacción prevista para la que se utilice la contabilidad de cobertura.

b) La exposición de la sociedad al riesgo de precio, riesgo de crédito, riesgo de liquidez y riesgo de flujo de efectivo.

Una sociedad dependiente de un grupo estará dispensada de la obligación establecida en este apartado si dicha empresa y sus dependientes, si las tuviera, están incluidas a su vez en el informe de gestión consolidado de otra empresa, elaborado conforme al contenido establecido en este artículo. Si una sociedad se acoge a esta opción, deberá incluir en el informe de gestión una referencia a la identidad de la sociedad dominante y al Registro Mercantil u otra oficina pública donde deben quedar depositadas sus cuentas junto con el informe de gestión consolidado o, en los supuestos de no quedar obligada a depositar sus cuentas en ninguna oficina pública, o de haber optado por la elaboración del informe separado, sobre dónde se encuentra disponible o se puede acceder a la información consolidada de la sociedad dominante.

15. El informe de gobierno corporativo

La Ley de Sociedades de Capital (en adelante, LSC) establece que las sociedades anónimas cotizadas deben hacer público, con carácter anual, un informe de gobierno corporativo (en adelante, IAGC) y difundirlo como otra información relevante. El IAGC tiene que facilitar información completa y razonada sobre las prácticas de gobierno corporativo de los emisores de valores cotizados, para que los inversores y otros usuarios de la información puedan formarse una opinión fundada.

Las sociedades anónimas cotizadas deberán hacer público con carácter anual un informe de gobierno corporativo.

El informe anual de gobierno corporativo será objeto de comunicación a la Comisión Nacional del Mercado de Valores, acompañando copia del documento en que conste. La Comisión Nacional del Mercado de Valores remitirá copia del informe comunicado a las respectivas autoridades de supervisión cuando se trate de sociedades cotizadas que estén dentro de su ámbito de competencias.

El informe será objeto de publicación como hecho relevante.

El contenido y estructura del informe de gobierno corporativo será determinado por el ministro de Economía y Competitividad o, con su habilitación expresa, por la Comisión Nacional del Mercado de Valores.

Dicho informe deberá ofrecer una explicación detallada de la estructura del sistema de gobierno de la sociedad y de su funcionamiento en la práctica. En todo caso, el contenido mínimo del informe de gobierno corporativo será el siguiente:

a)   Estructura de propiedad de la sociedad.

Habrá de incluir:

1.   Identidad de los accionistas que cuenten con participaciones significativas, directas, indirectas, o en virtud de pactos o acuerdos entre accionistas.

2.   Relaciones de índole familiar, comercial, contractual o societaria que existan entre los titulares de las participaciones significativas y la sociedad, o entre los titulares de participaciones significativas entre sí, en la medida en que sean conocidas por la sociedad, salvo que sean escasamente relevantes o deriven del giro o tráfico comercial ordinario.

3.   Forma de representación en el consejo de los accionistas con participaciones significativas.

4.   Señalamiento de las participaciones accionariales de que sean titulares los miembros del consejo de administración en la sociedad cotizada, tanto de forma agregada como individualizada. En todo caso se tendrán en cuenta tanto la titularidad dominical de las acciones como los derechos de voto que se disfruten en virtud de cualquier título.

5.   Indicación de la existencia de pactos parasociales comunicados a la propia sociedad y a la Comisión Nacional del Mercado de Valores y, en su caso, depositados en el Registro Mercantil, con especificación de la identidad

de los accionistas vinculados por el pacto y del contenido de los mismos objeto de comunicación, publicidad y registro.

6. Información de los valores que no se negocien en un mercado regulado comunitario, con indicación, en su caso, de las distintas clases de acciones y, para cada clase de acciones, los derechos y obligaciones que confiera.

7. Especificación del porcentaje de autocartera de la sociedad al cierre del último ejercicio, junto con las variaciones significativas que haya experimentado la autocartera, de acuerdo con lo dispuesto en el Real Decreto 1362/2007, de 19 de octubre.

8. Cualquier restricción a la transmisibilidad de valores y cualquier restricción al derecho de voto.

b) Funcionamiento de la junta general y desarrollo de sus sesiones.

c) Estructura de la administración de la sociedad.

Habrá de incluir:

1. Información relativa a la composición, reglas de organización y funcionamiento del consejo de administración y de sus comisiones.

2. Identidad y remuneración de sus miembros, funciones y cargos dentro de la sociedad, sus relaciones con accionistas con participaciones significativas, indicando la existencia de consejeros cruzados o vinculados y los procedimientos de selección, remoción o reelección.

3. Información de los poderes de los miembros del consejo de administración y, en particular, los relativos a la posibilidad de emitir o recomprar acciones.

4. Información de los acuerdos significativos que haya celebrado la sociedad y que entren en vigor, sean modificados o concluyan en caso de cambio de control de la sociedad a raíz de una oferta pública de adquisición, y sus efectos, excepto cuando su divulgación resulte seriamente perjudicial para la sociedad. Esta excepción no se aplicará cuando la sociedad esté obligada legalmente a dar publicidad a esta información.

5. Información de los acuerdos entre la sociedad y sus cargos de administración y dirección o empleados que dispongan indemnizaciones cuando éstos dimitan o sean despedidos de forma improcedente o si la relación laboral llega a su fin con motivo de una oferta pública de adquisición.

6. Una descripción de la política de diversidad aplicada en relación con el consejo de administración, de dirección y de las comisiones especializadas que se constituyan en su seno, por lo que respecta a cuestiones como

la edad, el género, la discapacidad o la formación y experiencia profesional de sus miembros; incluyendo sus objetivos, las medidas adoptadas, la forma en la que se han aplicado, en particular, los procedimientos para procurar incluir en el consejo de administración un número de mujeres que permita alcanzar una presencia equilibrada de mujeres y hombres y los resultados en el periodo de presentación de informes, así como las medidas que, en su caso, hubiera acordado respecto de estas cuestiones la comisión de nombramientos.

d) Operaciones vinculadas de la sociedad con sus accionistas y sus administradores y cargos directivos y operaciones intragrupo.

e) Sistemas de control del riesgo. Se señalarán los principales riesgos que pueden afectar a la consecución de los objetivos de negocio, los riesgos que se han materializado durante el ejercicio, el alcance de los sistemas de gestión, los órganos responsables de su elaboración y ejecución, el nivel de tolerancia y descripción de los planes de respuesta y supervisión.

f) Descripción de las principales características de los sistemas internos de control y gestión de riesgos en relación con el proceso de emisión de la información financiera. La información se desglosará a partir de los siguientes componentes básicos: entorno de control, evaluación de riesgos, actividades de control, información y comunicación y supervisión.

g) Grado de seguimiento de las recomendaciones de gobierno corporativo, o, en su caso, la explicación de la falta de seguimiento de dichas recomendaciones.

16. El estado de información no financiera

16.1. Empresas obligadas

Este documento aparece en la Ley 11/2018 en aplicación de la Directiva 2014/95/UE del Parlamento Europeo y del Consejo, de 22 de octubre de 2014, por la que se modifica la Directiva 2013/34/UE en lo que respecta a la divulgación de información no financiera e información sobre diversidad por parte de determinadas grandes empresas y determinados grupos, tiene como objetivo identificar riesgos para mejorar la sostenibilidad y aumentar la confianza de los inversores, los consumidores y la sociedad en general y para ello incrementa la divulgación de información no financiera, como pueden ser los factores sociales y medioambientales.

El estado de información no financiera se exigirá a:

a) Que el número medio de trabajadores empleados por las sociedades del grupo durante el ejercicio sea superior a 500.

b) Que o bien, tengan la consideración de entidades de interés público de conformidad con la legislación de auditoría de cuentas, o bien, durante dos ejercicios consecutivos reúnan, a la fecha de cierre de cada uno de ellos, al menos dos de las circunstancias siguientes:

1. Que el total de las partidas del activo consolidado sea superior a 20.000.000 de euros.

2. Que el importe neto de la cifra anual de negocios consolidada supere los 40.000.000 de euros.

3. Que el número medio de trabajadores empleados durante el ejercicio sea superior a doscientos cincuenta.

Las sociedades cesarán en la obligación de elaborar el estado de información no financiera si dejan de reunir, durante dos ejercicios consecutivos cualquiera de los requisitos anteriormente establecidos.

En los dos primeros ejercicios sociales desde su constitución, la sociedad estará obligada a elaborar el estado de información no financiera cuando al cierre del primer ejercicio se cumplan, al menos, dos de las tres circunstancias mencionadas, siempre que al cierre del ejercicio se cumpla además el requisito de 500 número medio de trabajadores empleados.

16.2. Contenido exigido por la Directiva 2014/95/UE

La Directiva 2014/95/UE amplía el contenido exigido en el informe anual de gobierno corporativo que deben publicar las sociedades anónimas cotizadas, en aras de mejorar la transparencia facilitando la comprensión de la organización empresarial y de los negocios de la empresa de que se trate. Esta obligación consiste en la divulgación de las «políticas de diversidad de competencias y puntos de vista» que apliquen a su órgano de administración respecto a cuestiones como la edad, el sexo, la discapacidad, o la formación y experiencia profesional. En caso de que la sociedad no aplicase una política de diversidad, no existe obligación alguna de establecerla, aunque la declaración sobre gobernanza empresarial ha de explicar claramente el motivo por el que no se aplica.

La divulgación de información no financiera o relacionada con la responsabilidad social corporativa contribuye a medir, supervisar y gestionar el rendimiento de las empresas y su impacto en la sociedad.

En este contexto, con el fin de mejorar la coherencia y la comparabilidad de la información no financiera divulgada, algunas empresas deben preparar un estado de información no financiera que contenga información relativa, por lo menos, a cuestiones medioambientales y sociales, así como relativas al personal, al respeto de los derechos humanos y a la lucha contra la corrupción y el soborno. De acuerdo con la Directiva 2014/95/UE ese estado debe incluir una descripción de las políticas de resultados y riesgos vinculados a esas cuestiones y debe incorporarse en el informe de gestión de la empresa obligada o, en su caso, en un informe separado correspondiente al mismo ejercicio que incluya el mismo contenido y cumpla los requisitos exigidos.

Dicho estado debe incluir, en lo que atañe a cuestiones medioambientales, información detallada sobre los efectos actuales y previsibles de las actividades de la empresa en el medio ambiente, y, en su caso, la salud y la seguridad, el uso de energía renovable y/o no renovable, las emisiones de gases de efecto invernadero, el consumo de agua y la contaminación atmosférica.

Respecto a las cuestiones sociales y relativas al personal, la información facilitada en el estado puede hacer referencia a las medidas adoptadas para garantizar la igualdad de género, la aplicación de convenios fundamentales de la Organización Internacional del Trabajo, las condiciones de trabajo, el diálogo social, el respeto del derecho de los trabajadores a ser informados y consultados, el respeto de los derechos sindicales, la salud y seguridad en el lugar de trabajo y el diálogo con las comunidades locales y las medidas adoptadas para garantizar la protección y el desarrollo de esas comunidades.

En relación con los derechos humanos, el estado de información no financiera podría incluir información sobre la prevención de las violaciones de los derechos humanos y en su caso, sobre las medidas para mitigar, gestionar y reparar los posibles abusos cometidos.

Asimismo, en relación con la lucha contra la corrupción y el soborno, el estado de información no financiera podría incluir información sobre los instrumentos existentes para luchar contra los mismos.

El estado de información no financiera, de acuerdo con la citada Directiva, debe incluir información sobre los procedimientos de diligencia debida aplicados por la empresa y, cuando sea pertinente y proporcionado, en relación con sus cadenas de suministro y subcontratación, con el fin de detectar, prevenir y atenuar efectos adversos existentes y potenciales. A estos efectos, se entiende por procedimientos de diligencia debida las actuaciones realizadas para identificar y evaluar los riesgos, así como para su verificación y control, incluyendo la adopción de medidas.

Las empresas obligadas deben facilitar información adecuada sobre los aspectos respecto de los que existen más probabilidades de que se materialicen los principales riesgos de efectos graves, junto con los aspectos respecto de los que dichos riesgos ya se han materializado. Los riesgos de efectos adversos pueden derivarse de actividades propias de la empresa o pueden estar vinculados a sus actividades. Esto no debe entrañar cargas administrativas adicionales innecesarias para las pequeñas y medianas empresas, en los términos definidos en la Ley 22/2015, de 20 de julio, de Auditoría de Cuentas.

Al facilitar esta información, las empresas obligadas deben basarse en marcos nacionales, marcos de la Unión Europea, pudiendo utilizarse el Sistema de Gestión y Auditoría Medioambientales (EMAS) adaptado a nuestro ordenamiento jurídico a través del Real Decreto 239/2013, de 5 de abril, o en marcos internacionales tales como el Pacto Mundial de las Naciones Unidas, los Objetivos de Desarrollo Sostenible de las Naciones Unidas, el Acuerdo de París sobre cambio climático, los Principios Rectores sobre las empresas y los derechos humanos que ponen en práctica el marco de las Naciones Unidas para «proteger, respetar y remediar», las Líneas Directrices de la Organización de Cooperación y Desarrollo Económicos (OCDE) para Empresas Multinacionales, la norma (ISO) 26000 de la Organización Internacional de Normalización, la norma (SA) 8000 de la Responsabilidad Social Internacional, la Declaración tripartita de principios sobre las empresas multinacionales y la política social de la Organización Internacional del Trabajo, la Iniciativa Mundial de Presentación de Informes de Sostenibilidad del GRI (GRI Sustainability Reporting Standards), u otros marcos internacionales reconocidos.

En el caso de las organizaciones que hayan obtenido el registro EMAS, se considerará válida y suficiente, para cumplir con el apartado del informe dedicado a información medioambiental, la información contenida en la declaración ambiental validada por el verificador acreditado en la medida que este certificado no solo opere por centro de trabajo y cubra la totalidad de la actividad de la sociedad. No obstante, la acreditación EMAS en ningún caso puede dispensar a la entidad de informar sobre la actividad medioambiental en el informe no financiero, con el objetivo de que en un solo documento figure toda la información no financiera requerida por la Directiva. Las empresas que dispongan de estudios más detallados de huella de carbono, de políticas de adaptación a los impactos del cambio climático o de otros ámbitos ambientales podrán aportar esta información como complemento al resto de la información ambiental requerida.

17. Informe de auditoría

17.1. Modalidades de auditorías de cuentas

El auditor de cuentas comprobará si las cuentas anuales ofrecen la imagen fiel del patrimonio, de la situación financiera y de los resultados de la sociedad, así como, en su caso, la concordancia del informe de gestión con las cuentas anuales del ejercicio.

Las dos modalidades de auditoría de cuentas que se incluyen en el ámbito de aplicación de la vigente Ley de Auditoría de Cuentas son:

⇨ **La auditoría de las cuentas anuales**

Consistirá en verificar dichas cuentas a efectos de dictaminar si expresan la imagen fiel del patrimonio, de la situación financiera y de los resultados de la entidad auditada, de acuerdo con el marco normativo de información financiera que resulte de aplicación.

Asimismo, comprenderá la verificación del informe de gestión que, en su caso, acompañe a las cuentas anuales, a fin de dictaminar sobre su concordancia con dichas cuentas anuales y si su contenido es conforme con lo establecido en la normativa de aplicación

⇨ **La auditoría de otros estados financieros o documentos contables**

Consistirá en verificar y dictaminar si dichos estados financieros o documentos contables expresan la imagen fiel o han sido preparados de conformidad con el marco normativo de información financiera expresamente establecido para su elaboración.

17.2. Obligación auditar cuentas

Según el artículo 243 del Real Decreto ley 1/2010, las cuentas anuales y, en su caso, el informe de gestión, deberán ser revisados por un auditor de cuentas.

Se exceptúa de esta obligación a las sociedades que durante dos ejercicios consecutivos reúnan, a la fecha de cierre de cada uno de ellos, al menos dos de las circunstancias siguientes:

1. Que el total de las partidas del activo no supere los dos millones ochocientos cincuenta mil euros.

2. Que el importe neto de su cifra anual de negocios no supere los cinco millones setecientos mil euros.

3. Que el número medio de trabajadores empleados durante el ejercicio no sea superior a cincuenta.

Las sociedades perderán esta facultad si dejan de reunir, durante dos ejercicios consecutivos, dos de las circunstancias a que se refiere el párrafo anterior.

 En el primer ejercicio social desde su constitución, transformación o fusión, las sociedades quedan exceptuadas de la obligación de auditarse si reúnen, al cierre de dicho ejercicio, al menos dos de las tres circunstancias expresadas en el apartado anterior.

17.3. Nombramiento de auditor

La persona que deba ejercer la auditoría de cuentas será nombrada por la junta general antes de que finalice el ejercicio a auditar, por un periodo de tiempo inicial, que no podrá ser inferior a tres años ni superior a nueve, a contar desde la fecha en que se inicie el primer ejercicio a auditar, sin perjuicio de lo dispuesto en la normativa reguladora de la actividad de auditoría de cuentas respecto a la posibilidad de prórroga y a la duración de los contratos en relación con sociedades calificadas como entidades de interés público.

⇨ La junta podrá designar a una o varias personas físicas o jurídicas que actuarán conjuntamente. Cuando los designados sean personas físicas, la junta deberá nombrar tantos suplentes como auditores titulares.

⇨ La junta general no podrá revocar al auditor antes de que finalice el periodo inicial para el que fue nombrado, o antes de que finalice cada uno de los trabajos para los que fue contratado una vez finalizado el periodo inicial, a no ser que medie justa causa.

⇨ Cualquier cláusula contractual que limite el nombramiento de determinadas categorías o listas de auditores legales o sociedades de auditoría, será nula de pleno derecho.

17.4. Informe de auditoría

17.4.1. Contenido

Los auditores de cuentas dispondrán como mínimo de un plazo de un mes, a partir del momento en que le fueren entregadas las cuentas firmadas por los administradores, para presentar un informe detallado sobre el resultado de su actuación de conformidad con la normativa reguladora de la actividad de auditoría de cuentas.

Si, una vez firmado y entregado el informe de auditoría sobre las cuentas iniciales, los administradores se vieran obligados a reformular las cuentas anuales, el auditor habrá de emitir un nuevo informe sobre las cuentas anuales reformuladas.

El informe de auditoría de las cuentas anuales es un documento mercantil que deberá incluir, como mínimo, el siguiente contenido:

1. Identificación de la entidad auditada, de las cuentas anuales que son objeto de la auditoría, del marco normativo de información financiera que se aplicó en su elaboración, de las personas físicas o jurídicas que encargaron el trabajo y, en su caso, de las personas a quienes vaya destinado; así como la referencia a que las cuentas anuales han sido formuladas por el órgano de administración de la entidad auditada.

2. Una descripción general del alcance de la auditoría realizada, con referencia a las normas de auditoría conforme a las cuales esta se ha llevado a cabo y, en su caso, de los procedimientos previstos en ellas que no haya sido posible aplicar como consecuencia de cualquier limitación puesta de manifiesto en el desarrollo de la auditoría. Asimismo, se informará sobre la responsabilidad del auditor de cuentas o sociedad de auditoría de expresar una opinión sobre las citadas cuentas en su conjunto.

3. Explicación de que la auditoría se ha planificado y ejecutado con el fin de obtener una seguridad razonable de que las cuentas anuales están libres de incorrecciones materiales, incluidas las derivadas del fraude.

   Asimismo, se describirán los riesgos considerados más significativos de la existencia de incorrecciones materiales, incluidas las debidas a fraude, un resumen de las respuestas del auditor a dichos riesgos y, en su caso, de las observaciones esenciales derivadas de los mencionados riesgos.

4. Declaración de que no se han prestado servicios distintos a los de la auditoría de las cuentas anuales o concurrido situaciones o circunstancias que hayan afectado a la necesaria independencia del auditor o sociedad de auditoría, de acuerdo con el régimen regulado en las secciones 1ª y 2ª del Capítulo III del Título I.

5. Una opinión técnica en la que se manifestará, de forma clara y precisa, si las cuentas anuales ofrecen la imagen fiel del patrimonio, de la situación financiera y de los resultados de la entidad auditada, de acuerdo con el marco normativo de información financiera que resulte de aplicación y, en particular, con los principios y criterios contables contenidos en el mismo.

   La opinión podrá revestir cuatro modalidades: favorable, con salvedades, desfavorable o denegada. Cuando no existan salvedades la opinión será favorable. En el caso de que existan tales salvedades, deberán reflejarse todas ellas en el informe y la opinión técnica será con salvedades, desfavorable o denegada.

   Asimismo, se indicarán, en su caso, las posibles incertidumbres significativas o materiales relacionadas con hechos o condiciones que pudieran suscitar dudas significativas sobre la capacidad de la entidad auditada para continuar como empresa en funcionamiento. También se hará referencia a las cuestiones que, no constituyendo una salvedad, el auditor de cuentas deba o considere necesario destacar a fin de enfatizarlas.

6. Una opinión sobre la concordancia o no del informe de gestión con las cuentas correspondientes al mismo ejercicio, en el caso de que el citado informe de gestión acompañe a las cuentas anuales. Asimismo, se incluirá una opinión sobre si el contenido y presentación de dicho informe de gestión es conforme con lo requerido por la normativa que resulte de aplicación, y se indicarán, en su caso, las incorrecciones materiales que se hubiesen detectado a este respecto.

7. Una declaración de si la entidad auditada estaba obligada a presentar, en el ejercicio previo al auditado, el informe relativo al impuesto de sociedades o impuestos de naturaleza idéntica o análoga al que se refiere la disposición adicional undécima de la presente ley. En caso de que estuviera obligada, una declaración de que la entidad publicó el informe en el Registro Mercantil y en la página web correspondiente, de conformidad con lo previsto en la citada disposición.

8. Fecha y firma de quién o quiénes lo hubieran realizado. La fecha del informe de auditoría será aquella en que el auditor de cuentas y la sociedad de auditoría han completado los procedimientos de auditoría necesarios para formarse una opinión sobre las cuentas anuales.

17.4.2. Excepciones

El informe de auditoría deberá ser emitido por el auditor de cuentas o la sociedad de auditoría, de forma que pueda cumplir la finalidad para la que fue contratada la auditoría de cuentas. La falta de emisión del informe de auditoría o la renuncia a continuar con el contrato de auditoría, tan solo podrá producirse por la existencia de justa causa. En todo caso, se considera que existe justa causa en aquellos supuestos en los que concurra alguna de las siguientes circunstancias:

1. Existencia de amenazas que comprometan la independencia u objetividad del auditor de cuentas o de la sociedad de auditoría, de acuerdo con lo dispuesto en las secciones 1ª y 2ª del Capítulo III del Título I y, en su caso, en la sección 3ª del Capítulo IV del Título I.

2. Imposibilidad absoluta de realizar el trabajo encomendado al auditor de cuentas o sociedad de auditoría por circunstancias no imputables a estos.

En los anteriores supuestos, cuando se trate de auditorías obligatorias, deberá informarse razonadamente, tanto al registro mercantil correspondiente al domicilio social de la sociedad auditada, como al Instituto de Contabilidad y Auditoría de Cuentas, de las circunstancias determinantes de la falta de emisión del informe o la renuncia a continuar con el contrato de auditoría, en la forma y plazos que se determine reglamentariamente.

17.4.3. Otros aspectos relevantes

El informe de auditoría de cuentas anuales será emitido bajo la responsabilidad de quien o quienes lo hubieran realizado, y deberá estar firmado por estos.

Deberá ir acompañado de la totalidad de documentos que componen las cuentas objeto de auditoría y, en su caso, del informe de gestión. La publicación de estos documentos, junto con el informe de auditoría, se regirá por lo dispuesto en el marco normativo de información financiera que resulte aplicable.

En ningún caso el informe de auditoría de cuentas anuales podrá ser publicado parcialmente o en extracto, ni de forma separada a las cuentas anuales auditadas.

Cuando el informe sea público podrá mencionarse su existencia, en cuyo caso, deberá hacerse referencia al tipo de opinión emitida.

El informe de auditoría será redactado en lenguaje claro y sin ambigüedades. En ningún caso se podrá utilizar el nombre de ningún órgano o institución pública con competencias de inspección o control de modo que pueda indicar o sugerir que dicha autoridad respalda o aprueba el informe de auditoría.

El balance de situación forma parte de los estados financieros o cuentas anuales. El resto de los documentos que lo conforman serán:

- Cuenta de pérdidas y ganancias.

- Estado de cambios en el patrimonio neto.

- Estado de flujos de efectivos.

- Memoria.

El estudio de los estados financieros, en su conjunto, nos permite realizar un análisis económico-financiero de la empresa y poder comparar esos parámetros con datos anteriores de la misma empresa u otras empresas del sector.

Al analizar el balance tal vez nos encontremos en alguna empresa que el peso de la partida clientes es mínima o inexistente en el activo, pero en su pasivo, tal vez, presente una partida relativamente importante de proveedores y tal vez también, un volumen elevado en la cifra de negocios, en este caso, podríamos tener delante los estados financieros de un supermercado o grandes almacenes que cobran al contado de sus clientes y normalmente tienen capacidad de negociación para retrasar el pago a sus proveedores.

.../...

.../...

Gestionar la tesorería no es ajeno a la contabilidad o al funcionamiento corriente de la empresa, sino que debe nutrirse y retroalimentarse de ella.

El balance es una "fotografía" en un momento determinado del patrimonio de la empresa. Se estructura en masas patrimoniales. El activo se compone de bienes y derechos. El pasivo de deudas y obligaciones y el patrimonio neto que se compone, entre otras partidas, de las aportaciones de los socios y del beneficio no distribuido.

Un análisis del balance nos dará indicación de la salud financiera de la empresa a través de su fondo de maniobra. También nos indicará las necesidades de recursos negociados que tiene para financiar su actividad ordinaria o gestión de tesorería.

La empresa se puede autofinanciar o solicitar financiación externa, la primera figura en el patrimonio neto, la segunda en el pasivo.

El balance refleja la imagen fiel de la situación de la empresa; detalla el conjunto de recursos de que ha dispuesto una empresa, pasivo, y el empleo que se ha dado a los mismos, este empleo tiene su reflejo en el activo.

En esta unidad hemos conocido los estados de flujo de caja de una empresa. Sabemos que se clasifican desde tres puntos de vista:

- Operativo o de explotación.

- Financiero.

- De inversión.

Hemos conocido el estado de flujos de efectivo (EFE), que forma parte de las cuentas anuales de la empresa, y cuya estructura y contenido es el mismo que el comentado en la primera parte de esta unidad para los estados de flujos de caja o *cash-flow*.

UNIDAD DIDÁCTICA 3

Estados contables previsionales

Los **objetivos** de esta unidad son:

1. Revisar los conceptos básicos relativos a las cuentas anuales: balance de situación, cuenta de resultados.

2. Determinar los aspectos principales de las normas de valoración aplicadas a los conceptos incluidos en las cuentas anuales.

3. Calcular el presupuesto de tesorería o estado de flujos de tesorería.

4. Identificar las situaciones de falta de liquidez o gestión de déficit.

Introducción

En la cuenta de explotación previsional se determinarán todas las partidas necesarias para la determinación del resultado de la explotación.

El balance se confecciona a partir de los datos iniciales de la contabilidad, los movimientos imputados a la cuenta de resultados y todos aquellos movimientos de entradas y salidas en la tesorería que se establezcan en el presupuesto de tesorería.

La empresa deberá determinar las necesidades de financiación a corto plazo, dando respuesta a cómo se financia el activo corriente de la empresa, o cuál es el nivel de tesorería óptimo para atender los pagos.

1. Definición del horizonte temporal

La empresa, a partir de la información suministrada por diferentes áreas funcionales o departamentales, confeccionará los estados financieros previsionales: cuentas de resultados, presupuesto de tesorería, flujos de caja libres y balances de situación. A partir de estos estados previsionales se determinarán las necesidades financieras de fondos asociadas a las previsiones efectuadas por la empresa, durante un periodo de un año.

La información que encontraremos en la planificación anual se establecerá con la periodicidad temporal necesaria para realizar el seguimiento de la tesorería y las desviaciones que se vayan manifestando. Si la empresa realiza el control presupuestario trimestral, el horizonte temporal anual se periodificará para ajustarlo a la gestión trimestral.

En ocasiones esta planificación y control llevará a la empresa a gestionar periodos con necesidades financieras de financiación y en otros casos, será de inversión. En todo caso, la planificación permitirá decidir con el tiempo suficiente las medidas a adoptar.

2. Cuenta de resultados previsionales

2.1. Concepto

En la **cuenta de explotación** previsional se determinarán todas las partidas necesarias para la determinación del resultado de la explotación.

En la **partida de ingresos** encontramos los que proceden de las actividades ordinarias y las ganancias de operaciones extraordinarias. Las ordinarias corresponden a las ventas, prestaciones de servicios y otros ingresos de explotación que se reflejarán en la cuenta de pérdidas y ganancias por su importe neto de devoluciones y descuentos.

⇨ El concepto "ingreso" sigue el criterio del devengo (sin considerar si se cobra o no), por lo que un ingreso será toda operación que incremente el patrimonio de la empresa.

⇨ El concepto "costes de las ventas" está asociado a las mercancías y productos elaborados que se han vendido.

⇨ Se obtiene por la suma del valor de las compras de la mercancía o de las materias primas y el valor de las variaciones de existencias.

⇨ Un gasto es una disminución de los recursos económicos de la entidad, durante un periodo contable, que origina disminuciones en los fondos propios, disminuciones en el activo o aumento de un pasivo.

⇨ Es fundamental, como hemos comentado en la unidad anterior, determinar la naturaleza del bien y si es capaz o no de generar beneficios económicos futuros, en cuyo caso, se consideraría un activo.

2.2. Clasificación de los gastos

Existen dos formas de clasificar los gastos:

⇨ **Por su naturaleza**

Por su naturaleza: personal, amortización, etc.

La amortización es la imputación anual a la cuenta de resultados del coste del inmovilizado, a lo largo de su vida útil estimada.

Concepto	Periodo 1	Periodo 2	Periodo 3	Periodo n
Ventas				
Variación existencias				
Otros ingresos explotación				
Aprovisionamientos				
Gastos de personal				
Otros gastos de explotación				
Resultado bruto explotación (EBITDA)				
Amortizaciones				
Variación deterioro tráfico comercial				
Variación provisión pasivos				
Deterioro y rendimientos transmisión del inmovilizado				
Resultado de explotación				

⇨ **Por funciones**

En la clasificación por funciones se establecen para asegurar que las previsiones cumplen con los objetivos establecidos por la dirección.

Concepto	Periodo 1	Periodo 2	Periodo 3	Periodo n
Ventas				
Costes de ventas				
Margen bruto				
Costes comerciales y de distribución				
Margen comercial				
Costes de administración y estructura				
Resultado de explotación (EBIT)				

La estructura de la cuenta de resultados dependerá del tipo de actividad. Si la actividad es de fabricación o de comercio la partida de aprovisionamientos será importante, tanto en términos absolutos como porcentuales respecto las ventas y la partida de gastos de personal no sea tan importante en términos porcentuales.

Cuenta de pérdidas y ganancias	20XX	20XX-1	20XX-2	20XX-3	20XX-4
1. Importe neto de la cifra de negocios	22.255.771	21.011.533	19.802.382	19.059.157	18.441.861
4. Aprovisionamientos	-16.727.033	-16.086.738	-15.028.974	-14.376.994	-13.907.913
5. Otros ingresos de explotación	67.399	60.896	21.133	18.324	17.106
6. Gastos de personal	-2.861.459	-2.731.497	-2.502.267	-2.391.368	-2.329.392
a) Sueldos, salarios y asimilados	-2.189.122	-2.091.397	-1.921.878	-1.835.294	-1.790.506
b) Cargas sociales	-672.337	-640.100	-580.389	-556.074	-538.886
7. Otros gastos de explotación	-1.540.901	-1.492.030	-1.200.568	-1.173.960	-1.216.382
a) Servicios exteriores	-1.494.301	-1.445.186	-1.159.225	-1.134.404	-1.180.574
b) Tributos	-37.120	-34.451	-32.007	-29.737	-26.828
c) Pérdidas, deterioro y variación de provisiones por operaciones comerciales	52	-34	-18	-560	-40
d) Otros gastos de gestión corriente	-9.532	-12.359	-9.318	-9.259	-8.940
8. Amortización del inmovilizado	-425.890	-358.382	-312.977	-372.076	-330.375
9. Imputación de subvenciones de inmovilizado no financiero y otras	322	564	751	843	1.288
11. Deterioro y resultado por enajenaciones del inmovilizado	-989	-8.904	-135	1.437	-925
A1) Resultado de explotación (1 + 2 + 3 + 4 + 5 + 6 + 7 + 8 + 9 + 10 + 11 + 12 + 13)	767.220	395.442	779.345	765.363	675.268
14. Ingresos financieros	14.640	20.226	26.161	33.849	61.665
15. Gastos financieros					
18. Deterioro y resultado por enajenaciones de instrumentos financieros	-22.617	-13.604	-2.594	11.053	982
A2) Resultado financiero (14 + 15 + 16 + 17 + 18 + 19)	-7.977	6.622	23.567	44.902	62.647
A3) Resultado antes de impuestos (A1 + A2)	759.243	402.064	802.912	810.265	737.915
20. Impuestos sobre beneficios	-166.705	-79.839	-166.652	-198.920	-194.656
A5) Resultado del ejercicio (A4 + 20)	592.538	322.225	636.260	611.345	543.259

Si, por el contrario, la empresa se dedica a la prestación de servicios encontraremos partidas como la de gastos de personal, que adquieren relevancia en términos porcentuales.

Cuenta de pérdidas y ganancias	20XX	20XX-1	20XX-2	20XX-3	20XX-4
1. Importe neto de la cifra de negocios	234.562	202.693	190.410	172.351	164.537
a) Ventas	92.680	81.699	77.589	61.834	60.092
b) Prestaciones de servicios	141.882	120.994	112.821	110.517	104.445
2. Variación de existencias de productos terminados y en curso de fabricación	698	1.059	1.087	834	1.012
3. Trabajos realizados por la empresa para su activo	2.448	1.927	2.188	277	288
4. Aprovisionamientos	-28.500	-25.577	-24.792	-24.027	-23.875
5. Otros ingresos de explotación	4.646	4.293	3.740	6.438	4.568
6. Gastos de personal	-54.202	-47.894	-43.094	-48.820	-40.586
a) Sueldos, salarios y asimilados	-43.200	-38.319	-33.758	-39.877	-32.105
b) Cargas sociales	-11.002	-9.575	-9.336	-8.943	-8.481
7. Otros gastos de explotación	-74.342	-59.215	-56.540	-56.304	-50.812
a) Servicios exteriores	-72.958	-57.835	-55.484	-54.792	-48.523
b) Tributos	-1.354	-1.314	-1.478	-1.439	-1.425
c) Pérdidas, deterioro y variación de provisiones por operaciones comerciales			438		
d) Otros gastos de gestión corriente	-30	-66	-16	-73	-864
8. Amortización del inmovilizado	-22.475	-19.661	-18.099	-20.267	-22.550
9. Imputación de subvenciones de inmovilizado no financiero y otras	4		4	5	9
10. Excesos de provisiones	2	650			
A1) Resultado de explotación (1 + 2 + 3 + 4 + 5 + 6 + 7 + 8 + 9 + 10 + 11 + 12 + 13)	62.841	58.275	54.904	30.487	32.591
14. Ingresos financieros	761	535	2.983	9.277	8.115
15. Gastos financieros	-17.867	-16.818	-17.860	-18.458	-27.078
17. Diferencias de cambio	39	7	-61	-7	20
A2) Resultado financiero (14 + 15 + 16 + 17 + 18 + 19)	-17.067	-16.276	-14.938	-9.188	-18.943
A3) Resultado antes de impuestos (A1 + A2)	45.774	41.999	39.966	21.299	13.648
20. Impuestos sobre beneficios	-10.963	-10.316	-10.035	-2.776	-3.687
A5) Resultado del ejercicio (A4 + 20)	34.811	31.683	29.931	18.523	9.961

3. Cuadros auxiliares

Para elaborar el resto de los estados financieros previsionales se calcularán:

1. Movimiento previsional de clientes por ventas y prestación de servicios. Su finalidad será calcular los cobros por ventas o saldos pendientes de cobro del periodo anterior.

2. Movimiento previsional de proveedores por compras de existencias. Su finalidad es calcular los pagos a realizar por compras a proveedores de existencias y el saldo pendiente de pago del ejercicio anterior.

3. Movimiento previsional de acreedores por otros gastos de explotación. Su finalidad será calcular los pagos a realizar y los saldos de pasivo del balance.

4. Movimiento previsional de sueldos y salarios. Su finalidad será determinar los pagos de nóminas y el saldo que la empresa presentará al final del ejercicio anterior.

5. Movimiento previsional de organismos de la Seguridad Social, IRPF. Su finalidad es determinar el pago a efectuar por estos conceptos.

6. Movimiento previsional de provisiones de tráfico.

7. Previsión de distribución de resultados del ejercicio anterior y pago de dividendos.

8. Movimiento previsional del inmovilizado material, intangible e inversiones inmobiliarias.

9. Movimiento previsional de inversiones e ingresos financieros.

10. Movimiento previsional de subvenciones oficiales.

11. Movimiento previsional de IVA y resto de impuestos tributarios.

12. Movimiento previsional de préstamos, créditos.

4. Balance previsional

4.1. Estructura y partidas del balance

El balance se confecciona a partir de los datos iniciales de la contabilidad, los movimientos imputados a la cuenta de resultados y todos aquellos movimientos de entradas y salidas en la tesorería que se establezcan en el presupuesto de tesorería, que conoceremos en otro punto de esta unidad.

⇨ El saldo final de la tesorería del balance previsional deberá coincidir con el saldo resultante del presupuesto de tesorería.

⇨ El resultado que figure en la cuenta de resultados previsional se incorporará en la partida de fondos propios del balance previsional.

Recordemos **la estructura del balance**. Para un conocimiento más completo de las partidas que componen el balance deberás ver el balance que figura en el plan general de contabilidad.

ACTIVO NO CORRIENTE	PATRIMONIO NETO (RECURSOS PROPIOS)

• Inmovilizado intangible
• Inmovilizado material
  - Construcciones
  - Maquinaria
  - Aplicaciones informáticas
  - Elementos de transporte
• Inversiones inmobiliarias
• Inversiones financieras a LP
	Capital
	Reservas
	Resultado del ejercicio
	....

	PASIVO NO CORRIENTE (EXIGIBLE A LP)
	• Deudas con entidades de crédito a LP • Otros acreedores/deudas a LP
ACTIVO CORRIENTE	**PASIVO CORRIENTE (EXIGIBLE CP)**

• Existencias
  - Materias primas/prod.curso
  - Anticipo a proveedores
• Realizable
  - Clientes
  - Otros créditos con la Administración
  - Créditos concedidos c/p
• Disponible
  - Tesorería
	• Deudas con entidades de crédito a CP
	• Acreedores comerciales (proveedores, anticipos recibidos de clientes, ...)
	• Otras deudas a CP no comerciales (deudas con Hacienda, Seguridad Social, fianzas recibidas a CP ...)

El resultado del ejercicio figura en el patrimonio neto y pasivo como el capital social, el fondo social, la reserva legal y las reservas voluntarias.

4.2. Optimización del activo corriente

El tesorero optimiza la liquidez y gestiona el circulante, entendiendo este como la suma de los saldos del activo y del pasivo, originados por entradas y salidas que deben estar en equilibrio.

Pero en su día a día, no se encontrará únicamente con la problemática de optimizar la liquidez, sino que, en ocasiones, deberá modificar la estructura de la tesorería, trabajando sobre las diversas partidas que configuran el balance, tanto a corto como a largo plazo y reducir los costes que puede generar una deficiente estructuración.

Los problemas de tesorería no derivan únicamente de falta de liquidez inmediata para afrontar las obligaciones que se presenten a la empresa, sino que pueden venir dados por una liquidez ociosa. Por ello, el responsable de la tesorería deberá ajustar este circulante, aumentándolo o reduciéndolo y cuantificar el ahorro o beneficio que la entidad obtendrá.

La empresa pretende reducir el plazo de tiempo que existe entre el momento de la aceptación del pedido a la emisión de la factura. Ambas gestiones se escapan de las competencias de un tesorero, sin embargo, las consecuencias de este espacio de tiempo sí repercutirán en la gestión de la liquidez de la empresa.

En primer lugar, se podría proponer mejorar e introducir nuevos protocolos o sistemas tecnológicos de gestión y control de la comunicación con los diferentes operadores.

En una segunda fase de mejora se podría mejorar el proceso de facturación, pudiendo realizarse sobre cada albarán de forma automática en vez de acumulación de albaranes y de forma manual. Podría proponer en la fase logística mejorar en el proceso de empaquetado incorporando alguna maquinaria que facilite la gestión.

Como hemos visto, la persona responsable de la tesorería no gestiona únicamente los saldos entradas y salidas de cash, sino que es responsable de transmitir las necesidades de mejora a todas las esferas de la empresa con el fin de que los procesos estén alineados a las necesidades de tesorería de la compañía.

4.3. Estructura financiera

 Cuando hablamos de estructura financiera de la empresa nos referimos a la composición de los recursos financieros que la empresa posee en un momento dado. La importancia de estos recursos financieros y su adecuada estructura o composición en el ámbito empresarial es de suma relevancia, ya que constituyen el origen o motivo de las inversiones de esta.

Las **decisiones financieras**, a nivel estratégico, deberán responder a las necesidades de financiación de la empresa, tanto para cubrir las inversiones en el circulante como para cubrir las inversiones de los activos fijos.

Para determinar las necesidades de financiación será necesario establecer criterios de actuación basados en coste, plazo, flexibilidad, riesgo asumido y la política de dividendos.

Todo **plan financiero se divide en dos niveles**: el primero se refiere al ciclo de explotación u operaciones corrientes que se verá trasladado al activo corriente o corto plazo y el relativo a operaciones a largo plazo, que se verá trasladado a los activos fijos y a la financiación básica.

5. Planificación financiera a corto plazo

La planificación financiera a corto plazo se relaciona con la gestión financiera de los activos y pasivos circulantes de la empresa, así como con la liquidez que la empresa precisa y que es fundamental para el desarrollo del proceso productivo.

La empresa deberá determinar las necesidades de financiación a corto plazo, dando respuesta a cómo se financia el activo corriente de la empresa, o cuál es el nivel de tesorería óptimo para atender los pagos o cuál es el periodo medio de maduración de la empresa.

El periodo de medio de maduración de la empresa arrojará información sobre el tiempo que tarda en recuperarse una unidad monetaria que se ha obtenido a través de la financiación externa.

Otro análisis se centrará en el estudio de las partidas o masas patrimoniales que componen el activo y el pasivo corrientes de la empresa.

Se analizará también la relación existente entre la planificación a largo plazo y la planificación a corto plazo.

Será interesante conocer, también, el punto de equilibrio de la empresa, ya que este nos indicará el punto en el que las ventas cubren la totalidad de sus costes.

Una vez realizado el análisis financiero, la empresa estará en condiciones de determinar sus necesidades netas de tesorería en el corto plazo, estableciendo las entradas y salidas previstas.

Si las entradas de tesorería no son suficientes para cubrir las necesidades de liquidez y proporcionar un margen para las contingencias imprevistas, la empresa deberá acudir a una financiación adicional.

6. Presupuesto de tesorería anual

6.1. Flujos de caja

El presupuesto de tesorería permite determinar las necesidades financieras asociadas a las previsiones y las causas que la originan. En él se detallarán los cobros y pagos previstos para el ejercicio económico o periodo sobre el que se planifica.

Los flujos de caja se clasificarán en corrientes y no corrientes:

1. Cobros y pagos corrientes u operativos que tienen su origen en actividades de explotación.

2. Cobros y pagos no corrientes, entre los que encontraremos aquellos de carácter financiero, o proceden de inversiones o desinversiones de inmovilizado.

En la gestión de cobros de clientes y pagos a proveedores y acreedores debemos tener en cuenta que el plazo de cobro/pago será de 30 días naturales desde la recepción de las mercancías o servicios, cuando no se haya establecido otra fecha entre las partes, y que, en caso de pactar una fecha, esta no podrá superar los 60 días naturales. Cuando los plazos se incumplen, se podrá exigir al deudor el tipo de interés de demora del 11,15% (primer semestre 2025).

 Nuestra empresa ha elaborado el siguiente presupuesto de tesorería en base a sus previsiones de cobros y pagos. Se establece un horizonte temporal de 3 meses:

	Enero	Febrero	Marzo
A. Saldo inicio	1.000,00	1.300,00	-1.000,00
B. Cobros			
Ventas al contado	1.100,00	1.000,00	2.200,00
Ventas al contado	2.200,00	1.100,00	3.000,00
Total cobros	3.300,00	2.100,00	5.200,00
C. Pagos			
Proveedores	700,00	1.900,00	800,00
Acreedores	400,00	500,00	450,00
Personal	1.200,00	1.300,00	1.200,00
Préstamos	700,00	700,00	700,00
Total pagos	3.000,00	4.400,00	3.150,00
Saldo (A+B-C)	1.300,00	-1.000,00	1.050,00

A la vista de los datos que nos suministra el presupuesto de tesorería podemos prever que la empresa tendrá exceso de tesorería al finalizar los meses de enero y marzo, y déficit en el mes de febrero. Por lo que, se deberán adoptar las decisiones pertinentes, por ejemplo, acudir a la financiación ajena y acortar los plazos de cobro a los clientes, a fin de cubrir el citado déficit y además contar con una cantidad adicional (realizable, disponible, o existencias) para hacer frente a posibles eventualidades que impidieran hacer frente a los correspondientes pagos. Por ejemplo, si nos limitamos a cubrir el déficit de 1.000 pero un cliente que debía pagar 300 en febrero, no paga, no contaremos con los suficientes flujos positivos de caja para hacer frente a nuestras deudas.

6.2. Efectivo y equivalentes al efectivo

Los equivalentes al efectivo se tienen, más que para propósitos de inversión o similares, para cumplir los compromisos de pago a corto plazo.

Para que una inversión financiera pueda ser calificada como equivalente al efectivo es necesario que pueda ser fácilmente convertible en una cantidad determinada de efectivo y estar sujeta a un riesgo poco significativo de cambios en su valor. Por tanto, una inversión será equivalente al efectivo cuando tenga vencimiento a corto plazo, por ejemplo, tres meses o menos desde la fecha de adquisición. Las participaciones en el capital de otras empresas quedarán excluidas de los equivalentes al efectivo a menos que sean, sustancialmente, equivalentes al efectivo, como por ejemplo las acciones preferentes adquiridas con proximidad a su vencimiento, siempre que tengan una fecha determinada de reembolso.

Los préstamos bancarios se consideran, en general, como actividades de financiación. En algunos países, sin embargo, los sobregiros exigibles en cualquier momento por el banco forman parte integrante de la gestión del efectivo de la entidad. En esas circunstancias, tales sobregiros se incluyen como componentes del efectivo y equivalentes al efectivo. Una característica de los acuerdos bancarios que regulan los sobregiros, u operaciones similares, es que el saldo con el banco fluctúa constantemente de deudor a acreedor.

Los flujos de efectivo no incluirán ningún movimiento entre las partidas que constituyen el efectivo y equivalentes al efectivo, puesto que estos componentes son parte de la gestión del efectivo de la entidad más que de sus actividades de explotación, inversión o financiación. La gestión del efectivo comprende también la inversión de los sobrantes de efectivo y equivalentes al efectivo.

7. Cobertura de las necesidades financieras

Con la cobertura de las necesidades financieras se asegurará la suficiencia de fondos y garantizar la viabilidad de la empresa en los ejercicios siguientes. Para ello, complementaremos el estudio con el análisis patrimonial del balance de situación, el análisis de rentabilidad y el efecto apalancamiento (endeudamiento).

Como veremos en otro epígrafe, cuando las necesidades financieras son de financiación, la empresa deberá cubrirlas con préstamos, créditos, leasing, renting, etc.

Cuando las necesidades sean de inversión o capital, la empresa podrá recurrir a productos como el depósito bancario, los pagarés, Letras del Tesoro, etc.

8. Necesidades operativas de fondos

Muchas empresas han "muerto de éxito" (crecer en facturación sin tener una cobertura en tesorería). Lamentablemente este hecho se da en momentos de rápido crecimiento y sin haber valorado todos los riesgos que comportaba justamente ese crecimiento.

Dichas empresas analizan únicamente la cuenta de pérdidas y ganancias, pero se olvidan del balance de situación, que es el documento en el que se encontrarán los posibles fallos o desequilibrios.

Cuando la empresa crece también crece el nivel de riesgo y si se sobrepasa el nivel de riesgo que las entidades financieras están dispuestas a asumir con la empresa, se puede negar la financiación a corto plazo.

Si la empresa crece, también crecerán sus necesidades operativas de fondos o NOF [Existencias + Clientes + Caja) – Proveedores].

Al crecer la empresa, aumentarán sus existencias y también el saldo de sus clientes. También determinarán mayores necesidades de NOF, si el periodo de pago es mucho más elevado al periodo de cobro.

Si la empresa tiene unas ventas de 100.000 euros anuales y un periodo de cobro a 30 días, el saldo de clientes será de 8.333,33 euros.

Si las ventas se incrementan en un 20% el saldo de clientes será de 10.000 euros.

SLa empresa dispone de varias **vías para financiar su crecimiento de NOF** a medida que el volumen de ventas crece:

1. Autofinanciación a través de sus reservas. Este aumento repercutirá en un aumento del fondo de maniobra.

2. Financiación externa a corto plazo a través de entidades financieras. Las posibilidades, entre otras, son préstamos, líneas de descuento. Esta vía no será posible si la empresa ha superado su nivel de riesgo.

3. Aumentar el periodo medio de pago a proveedores. Esta financiación dependerá del poder de negociación de la empresa.

4. Utilizar un confirming como financiación a través de proveedores, que reduciría su NOF y mejora el poder de negociación con proveedores.

5. Reducir el periodo medio de cobro a clientes o utilizar un factoring.

6. Gestionar correctamente las existencias, determinando correctamente el stock de seguridad, el stock óptimo, el tamaño del lote económico de compra, la evolución futura de los precios de compras y los costes financieros, almacenaje y deterioro vinculados a las existencias.

9. Recursos negociados

9.1. Pasos para su estimación y cálculo

 Se denominan recursos negociados a aquellos préstamos a corto plazo que la empresa deberá solicitar para atender los pagos de sus operaciones mercantiles.

Para estimar y calcular adecuadamente estos recursos negociados debemos seguir una serie de pasos:

⇨ **Estimo mis necesidades operativas de fondos (NOF)**

La información procederá del presupuesto de la tesorería y el cálculo se realizará a partir de:

$$NOF = (Existencias + Clientes + Caja) - Proveedores$$

⇨ **Calculo mi fondo de maniobra o FM**

Será necesario determinar el fondo de maniobra que se determina por la diferencia entre el valor de los recursos permanentes (patrimonio neto y deudas a largo plazo (l/p) y el activo no corriente o inmovilizado, que figura en el activo del balance.

La fórmula, entonces, será:

$$FM = Recursos\ permanentes - Activo\ no\ corriente$$

⇨ **De la diferencia de las dos partidas anteriores obtendré el importe de los recursos negociados**

Normalmente el fondo de maniobra no es suficiente para financiar las NOF totales, y, en este caso, la empresa tendrá que recurrir al banco. Estos recursos que se solicitan al banco a c/p y que están en el pasivo corriente, se llaman recursos negociados.

$$RN = NOF - FM$$

De estos dos datos, podemos determinar que la partida que hace referencia al día a día operativo son las NOF.

9.2. Gestión de las NOF

La gestión de las NOF, o lo que es lo mismo, gestionar el activo y pasivo corrientes de un balance, exige:

1. Controlar la partida de existencias y mantenerlas en un mínimo operativo y óptimo.

2. Exigir a los clientes el cumplimiento de sus pagos y reducir los plazos de cobro.

3. Atender los pagos a los proveedores y ampliar los plazos de pago.

La empresa Aspaceoftrance, S. L. presenta el siguiente balance de situación:

Inmovilizado	29.000	Capital social	29.000
Existencias	7.200	Patrimonio neto	29.000
Clientes	5.400	Préstamos l/p	8.500
Caja	7.200	Deudas c/p	6.300
		Proveedores	5.000
Total activo	48.800	Total PN + Pasivo	48.800

Este balance refleja que esta empresa tiene las siguientes necesidades operativas de fondos:

NOF= Existencias + Clientes + Caja – Proveedores

NOF= 14.800 €.

El FM es de 8.500 €

La empresa ha requerido solicitar préstamos o recursos negociados por importe de 6.300 euros para completar sus necesidades de financiación.

A esta diferencia la llamamos Recursos Negociados (RN) de tal manera que:

RN = NOF – FM

Tanto el fondo de maniobra como las necesidades operativas de fondos son dos conceptos de análisis que aportan una extraordinaria información.

Por un lado, si el fondo de maniobra es demasiado escaso nos indica que la empresa no estimó correctamente los recursos necesarios; si las necesidades operativas de fondos son excesivas, se trata de un problema de funcionamiento, es decir, se están cometiendo errores respecto a los periodos medios de pago a proveedores y cobro a clientes, o bien se mantienen en el almacén un número excesivo de existencias.

10. Flujo de caja libre previsional o *free cash-flow*

Muestra las necesidades financieras asociadas a las previsiones (salidas y entradas netas de efectivo) mediante el método indirecto.

Permite analizar las causas que provocan el déficit o superávit de caja desde un punto de vista económico, complementando el punto de vista financiero que aporta el presupuesto de tesorería.

 El flujo de caja libre es el saldo disponible para pagar a los accionistas (dividendos) y las deudas, después de las inversiones realizadas en activos no corrientes y en las necesidades operativas de fondos (NOF).

Las necesidades operativas de fondos se hacen manifiestas a través del flujo de caja de la actividad operativa.

Se parte del resultado de explotación (EBIT) al que se le suman los gastos que no suponen salida de dinero, como las amortizaciones o dotaciones y se le restan los ingresos que no suponen entrada de dinero, se obtendrá así el resultado bruto de explotación (EBITDA). A continuación, se restarán variaciones de circulante (NOF) o subvenciones de capital y se obtendrá el flujo libre de caja operativo (OFCF). Al resultado anterior se aplicará los resultados financieros o impuesto sobre beneficios y se obtendrá el flujo de caja libre (FCF).

BAIT

- Impuesto sobre BAIT

+ Amortización

+/- Variación NOF

+/- Variación activo fijo (CAPEX)

= Flujo de caja libre free = cash-flow

NOF = (existencias + clientes + caja) – proveedores

CAPEX = Activo fijo bruto año 0 – activo fijo bruto año 1

A partir de los datos que obtendríamos de la contabilidad, confeccionaríamos los flujos de caja:

BDI	18.348,62
+ Amortizaciones	5.504,59
+/- Variación existencias	11.009,17
+/- Variación clientes	-7.339,45
+/- Variación proveedores	3.669,72
+/- Variación recursos negociados a corto	1.834,86
Flujo caja operaciones	**33.027,51**
+/- Variación activos no corrientes	-7.339,45
+/- Variación otras inversiones o desinversiones	11.009,17
Flujo caja inversiones	**3.669,72**
+/- Variación capital	3.669,72
+/- Variación créditos	-5.504,59
Flujo caja financiero	**-1.834,87**
Flujo caja neto del año	**34.862,36**
+/- Caja a principios del año	14.678,90
Saldo final	**49.541,26**

Partimos de la cuenta de resultados de la contabilidad:

	Año X	Año X+1
EBITDA	325	480
Amortización	115	140
EBIT	210	340
Interes	82	83
BAT	128	257
Impuestos	32	64
Bº Neto	96	193

11. *Cash-flow*

11.1. Concepto

Otro modo de entender los flujos de caja sería con la denominación *cash-flow*. Mide los recursos que genera la empresa. La variación del flujo o movimiento neto se analiza a través de los flujos de tesorería y es importante para la toma de decisiones económicas o de inversión.

El *cash-flow* se utiliza para determinar:

a) La capacidad de la empresa para generar flujos de caja (entradas y salidas de dinero), y a la vista de los mismos, evaluar su capacidad para hacer frente a sus obligaciones (devolución de principal e intereses de deudas, pago de dividendos, etc.).

b) Los motivos de discrepancia entre el beneficio neto y las variaciones de tesorería.

c) El peso que las actividades de inversión y financieras tienen en la posición financiera de la empresa.

11.2. Tipos

El *cash-flow* (flujo de caja) puede contemplarse desde el aspecto económico y desde el aspecto financiero:

El concepto de **cash-flow económico** se obtiene por la suma del beneficio neto, amortizaciones, provisiones y deterioros. Esto es, por la suma de aquellas partidas de la cuenta de pérdidas y ganancias, que, aunque no supongan desembolsos efectivos, a medio y largo plazo son partidas generadoras de efectivo.

Cash-flow económico = Beneficio neto + Amortizaciones + Provisiones y deterioros

El **cash-flow financiero** nos indica los excesos o déficits previstos en tesorería, como consecuencia de las estimaciones en los flujos de entrada y salida esperados.

Cash-flow financiero = Cobros – Pagos

Los cobros y pagos que puede tener la empresa pueden tener distintos orígenes:

	De explotación	Financieras	Estructurales
Entradas de tesorería (cobros)	• Cobros por ventas. • Ingresos de explotación.	• Rendimientos de inversiones financieras. • Financiación ajena. • Otros gastos financieros.	• Aportaciones de capital. • Desinversiones. • Subvenciones. • Reintegro de créditos concedidos por la empresa.
Salidas de tesorería (pagos)	• Pagos por compras. • Gastos de explotación.	• Amortización de financiación ajena. • Otros gastos financieros.	• Reducciones de capital. • Distribución de dividendos. • Inversiones. • Concesión de crédito.

11.3. Medidas a adoptar

En la práctica podemos encontrar empresas que obtengan beneficios (*cash-flow* económico positivo) y al mismo tiempo presenten déficits de tesorería que les impiden hacer frente a sus pagos (*cash-flow* financiero negativo), o empresas que disponen de una buena tesorería y están soportando pérdidas.

Deben determinarse las causas que motivan el desfase entre el *cash-flow* económico y el *cash-flow* financiero y a la vista de estas configurar la política económico-financiera de la empresa destinada a corregir las necesidades de tesorería y/o rentabilizar los superávits que puedan existir.

La empresa podrá adoptar:

⇨ **Medidas económicas**: influirán en la cuenta de resultados, como variaciones en la cifra de ventas o en el margen de beneficio.

⇨ **Medidas financieras**: afectarán a las partidas del balance, siendo distintas según la empresa presente déficits o excedentes de tesorería.

Supongamos que una empresa presenta los siguientes datos:

- Beneficio neto: 20.000.

- Amortizaciones: 5.000.

- Provisiones y deterioros: 3.000.

- Cobros estimados: 90.000.

- Pagos estimados: 95.000.

- *Cash-flow* económico = 20.000 + 5.000 + 3.000 = 28.000.

- *Cash-flow* financiero = 90.000 – 95.000 = -5.000 (déficit).

Así, la empresa para el periodo estimado presentará un déficit de 5.000, por lo que deberá adoptar las correspondientes medidas, que dependerán principalmente de la causa que motiva el desfase entre ambos *cash-flow*.

Supongamos que el desfase es debido a que la empresa tiene un periodo de maduración demasiado largo. En este caso, deberá reducir, en la medida de lo posible, el plazo de cobro, fabricación y almacenamiento, y alargar el plazo de pago a los proveedores. Si aun así continúa presentando déficit, podría, por ejemplo, acudir a la financiación ajena o a la desinversión en activos, siempre que como consecuencia de ello no se vea afectada su actividad.

12. Acciones de dirección

12.1. Introducción

A modo de resumen de los aspectos que hemos trabajado, la dirección del *cash management* deberá establecer estrategias, planes y acciones con el fin de reducir los costes en la gestión de la tesorería y, al mismo tiempo, obtener la máxima rentabilidad de la misma.

Deberá tener como objetivo recortar el *float* desde todos los puntos estratégicos de la empresa e involucrar a todos los agentes.

Financiará los recursos del inmovilizado con financiación a largo plazo y así mantendrá el equilibrio con el circulante, teniendo en cuenta respecto el activo circulante que existirán algunas partidas que por sus propias características y finalidad deberán inmovilizarse (existencias o stock necesario, de seguridad, crédito a clientes, etc.).

Priorizará el cobro a cliente frente al incremento de las ventas, ya que al aumentar las ventas a crédito también se verán incrementadas las necesidades de financiación o de recursos negociados y ante una situación grave de impagados podría llevar a la empresa a "morir de éxito", desaparecer por no haber podido hacer frente a todas sus deudas pese a haber tenido un gran volumen de facturación (no cobrada). La crisis del 2008 y su repercusión a tantas pequeñas empresas dedicadas a la construcción sería ejemplo de este hecho.

Implantará una correcta gestión administrativa en materia de cobros anticipados, estudio y valoración del riesgo del cliente y seguimiento y control ante impagados.

Refinanciará las deudas pendientes a corto plazo, entendiendo como tal a la acción de modificar las condiciones de los préstamos preexistentes o bien, reestructurar las deudas, novando el préstamo actual en otro nuevo.

Por último, implantará la centralización de tesorería, como la herramienta que permite y facilita cumplir con los anteriores objetivos y que vamos a tratar a continuación.

12.2. Centralización de la tesorería y cash pooling

12.2.1. Objetivos de la centralización de la tesorería

La centralización de la tesorería supone pasar de una estructura en que cada filial o unidad periférica se ocupaba de sus cobros y pagos, a una estructura en la que los saldos deficitarios de unas filiales son cubiertos con los excedentes de otras, evitando o minimizando los costes que genera el déficit.

Permite mejorar el control de la posición diaria en fecha valor, reducir las necesidades de financiación gracias a un mejor aprovechamiento de los recursos y disminuir los gastos financieros.

Conviene tener en cuenta que existen distintos grados de centralización que vendrán determinados por el nivel de autonomía real de cada centro periférico en la gestión y no en función de quién realiza materialmente los flujos de cobros y pagos. El grado de centralización dependerá de las necesidades de cada empresa.

Los objetivos perseguidos con la centralización de la tesorería son:

1. Coordinar los flujos monetarios de la empresa.

2. Fijar los medios de cobro y pago.

3. Optimizar los activos asignados.

4. Controlar los riesgos asignados por el tipo de interés, riesgo de cambio, etc.

12.2.2. Tipos de gestión de la tesorería

A continuación, desarrollamos los tres tipos de gestión que puede haber en la tesorería:

⇨ **Gestión coordinada de la tesorería**

Supone el mínimo grado de centralización. Cada unidad periférica posee gran autonomía en la gestión de cobros y pagos, existiendo un departamento central que coordina las unidades periféricas y sirve de apoyo.

⇨ **Gestión centralizada de tesorería entre delegaciones de una misma empresa**

En este modelo la gestión se encomienda a la tesorería central, limitándose las unidades periféricas al registro de operaciones.

⇨ **Gestión centralizada de tesorería entre empresas del grupo o *cash pooling***

El cash pooling es una técnica de centralización de tesorería que funciona entre empresas pertenecientes a un mismo grupo de empresas. En esta modalidad los saldos deficitarios de unas empresas son cubiertos con los excedentes de otras pertenecientes al mismo grupo.

Las técnicas de cash pooling son recomendables en los siguientes casos:

1. Grupos de empresas que tengan saldos deudores y acreedores simultáneamente.

2. Grupos de empresas que necesiten centralizar su tesorería por razones de costes y eficacia en la gestión.

3. Grupos de empresas que dispongan de sistemas informáticos de apoyo.

4. Grupos de empresas en las que la centralización de su tesorería les reporte mejores condiciones bancarias.

5. Grupos de empresas que muevan cantidades elevadas de fondos.

Existen distintas modalidades de cash pooling y su elección dependerá de las necesidades del grupo de empresa. Podemos distinguir:

*   **Barrido saldo cero**: consiste en saldar las cuentas de las empresas del grupo para transferir su saldo a una cuenta central. La cuenta central recibe la totalidad de movimientos de las cuentas periféricas con sus correspondientes importes y fechas valor.

*   ***Cash pooling* nacional**: no existe movimiento real de fondos, consiste en agrupar los saldos con el fin de compensar saldos deudores y acreedores a efectos de cálculo de intereses.

- *Netting*: actúa como un sistema de compensación de transacciones comerciales entre empresas del grupo, de modo que en lugar de ser saldadas individualmente se liquidan y compensan en la fecha de vencimiento pactada. Puede ser bilateral o multilateral, según la compensación se produzca entre dos o más empresas del grupo.

- *Cash pooling overnight* o **Cenicienta**: consiste en transferir los saldos de las cuentas periféricas a una cuenta centralizada al final del día, a efectos de cálculo de intereses globales. A primera hora del día se traspasan de nuevo los saldos a cada empresa del grupo.

- *Cash pooling* **condicional**: en esta modalidad se definen ciertas condiciones de los traspasos de fondos desde las cuentas periféricas a la cuenta central. Se admiten diversas modalidades, como el traspaso movimiento por movimiento, traspaso agrupando movimientos de igual fecha valor y mismo signo, traspaso agrupando los movimientos de igual fecha valor y en saldo netos, etc.

13. Financiación

13.1. Tipos

La empresa puede recurrir a tres tipos de financiación:

⇨ **Interna o autofinanciación**: constituirá los fondos propios de la entidad, mediante aportación de capital por parte de los socios o a través de los beneficios no distribuidos.

⇨ **Externa**: siendo posible a largo o corto plazo y que vendrá dada por entidades financieras, proveedores, Administración Pública, etc. Será a corto plazo, cuando el vencimiento de la deuda sea inferior a un año y a largo plazo, cuando supere el año.

⇨ **Mixta**: en las que la financiación procede de una empresa o entidad, a priori, externa a la compañía, como serían entidades de capital riesgo, *business angels* o préstamos participativos, entre otros.

13.2. Coste de los fondos

El pasivo corriente está destinado a financiar el activo corriente y el pasivo no corriente debe financiar el activo no corriente y parte del activo corriente.

Los **instrumentos de financiación a corto plazo** deben tener como finalidad atender necesidades de tesorería a corto plazo, como serían atender el pago de las facturas comerciales; anticipar facturas de clientes; descontar efectos comerciales, etc., pero no deben destinarse a la adquisición de bienes de inversión.

A aquellas deudas que tienen como finalidad **financiar el activo corriente** se les denomina créditos de funcionamiento, y al resto, se les denomina créditos de financiación.

Podemos decir que todos los fondos de los que dispone una empresa, incluido el patrimonio neto, tienen un coste puesto que todos ellos **exigen una rentabilidad** para seguir permaneciendo en la empresa.

En el caso de los **fondos ajenos o exigibles** (pasivo), este coste suele ser explícito (la carga financiera que supone un préstamo, leasing...), o implícito (la no aplicación de un descuento por parte de un proveedor al haber acordado un pago aplazado).

En el caso de la **financiación propia** (patrimonio neto) se suele cometer el error de pensar que no tiene un coste. Sin embargo, es un error, ya que todos los accionistas/socios aportarán un capital y lo mantendrán en la empresa con la expectativa de obtener un rendimiento por él. El coste que esta partida genera a la empresa puede venir dada de forma explícita, en forma de dividendos o implícitamente, en forma de coste de oportunidad del socio respecto a otras posibilidades de inversión.

El **coste de los fondos** se puede determinar con las funciones:

Coste del pasivo exigible = Intereses X (1-Tipo impositivo del Impuesto sobre Sociedades) / Saldo medio pasivo exigible

Coste de la financiación propia = Dividendos / Fondos propios medios

Coste del pasivo = (Fondos propios / Pasivo total) X Coste de los fondos propios + (Pasivo exigible / Pasivo total) X Coste del pasivo exigible

13.3. Instrumentos de financiación

Ejemplos de instrumentos de financiación serían:

1. Crédito comercial o crédito proveedor.

2. Póliza de crédito o cuenta de crédito a la vista.

3. Descuento comercial o bancario.

4. Anticipos de créditos.

5. Pagarés de empresa.

6. Anticipos de clientes.

7. Préstamos a corto plazo o pólizas de préstamos a tipo variable.

8. Financiación de importaciones.

9. Financiación de exportaciones.

10. Créditos documentarios.

14. Problema de liquidez

Toda empresa necesita liquidez para hacer frente a las transacciones y operaciones de su ciclo de explotación, así como para crecer, atender a nuevas oportunidades o realizar inversiones.

Es posible que la empresa se autosatisfaga estas necesidades por las vías de autofinanciación que conoceremos a lo largo del contenido, pero en la mayoría de las ocasiones, la empresa deberá recurrir a la financiación externa, a través de las entidades bancarias.

Los problemas de tesorería se podrán manifestar en varios frentes, por ello, será indispensable realizar una previsión de los flujos monetarios a corto plazo. Estos nos indicarán con la suficiente anticipación los desequilibrios posibles o probables entre las salidas y entradas de fondos, lo que conocemos como desequilibrios en el ciclo de maduración.

No siempre se encontrará la empresa ante déficit en la tesorería, sino que es posible que deba gestionar un superávit de la tesorería. El no hacer nada, el dejar el saldo en el banco comporta también un coste a la empresa, de no rentabilidad de esos fondos y el coste de oportunidad que supone decidir aplicar esos recursos a una inversión u otra.

Esta problemática a la que se enfrenta el responsable de tesorería, junto a las funciones que ya hemos presentado del *cash management*, nos llevan a afirmar que esta posición no corresponde a una función administrativa, sino de gestión.

15. Gestión de déficit

Una vez establecida la planificación financiera y a través del control presupuestario, determinados los déficits y/o excedentes monetarios para cada periodo en el que se ha establecido el horizonte temporal, la empresa deberá establecer los **recursos a corto plazo** que la empresa precisa para cubrir las necesidades de financiación y las inversiones a corto plazo que se realizarán para generar un rendimiento de los excedentes de tesorería temporales.

 Como hemos visto en epígrafes anteriores, cuando la empresa tiene liquidez insuficiente derivada del ciclo productivo, presenta en su circulante créditos comerciales y financiación negociada a corto plazo. La primera se considera espontánea, la segunda requiere negociación y un coste explícito.

Esta financiación negociada a corto plazo se podrá producir por aumentos en alguna partida del activo circulante o corriente, o bien por cambios en los flujos de cobros y pagos y tendrán como finalidad, como hemos indicado, atender las necesidades de tesorería dentro del ciclo de explotación.

 Ejemplo de esta financiación será la que suministran las entidades de crédito como serían pólizas de crédito, descuento comercial de efectos, préstamos a corto plazo, anticipo de créditos o de facturas, factoring, etc.

Al seleccionar la fuente de financiación, la empresa debería cumplir con unas pautas:

a) Deberá ser de fácil acceso, concesión y renovación, ya que su objetivo es financiar el corto plazo y la empresa debe tener disponible la financiación ante cualquier imprevisto que surja.

b) Deben financiar inversiones a corto plazo. Es una de las premisas que hemos ido estableciendo a lo largo del contenido.

c) Debe ser un instrumento flexible. Se considerará flexible aquel que permita a la empresa amortizar (cuantía), o modificar el plazo de amortización, según los recursos de los que la empresa disponga.

d) Deberá prestar atención al coste que genera el instrumento.

16. Superávit

Los excedentes de tesorería pueden deberse a diversas causas, como serían diferencias positivas entre cobros y pagos por razón de estacionalidad, venta de inmovilizado o activo no corriente, anticipo de clientes, etc.

El tesorero no tendrá como función la especulación financiera de estos excedentes, sino la gestión óptima, de forma que garantice un nivel de liquidez suficiente para el normal desarrollo de la explotación comercial evitando los excedentes de tesorería.

La correcta gestión exigirá conocer el funcionamiento de los mercados e instrumentos de inversión, desarrollar una estrategia, qué cantidad es el disponible para invertir y durante cuánto tiempo.

La elección de los diferentes instrumentos o productos financieros de inversión se realizará en base a diversos criterios:

1. Rentabilidad, entendida como la retribución del capital invertido.

2. Liquidez, entendida como la capacidad para convertirse en dinero antes del vencimiento.

3. Riesgo.

4. Fiscalidad.

Confeccionaremos las cuentas previsionales a fecha de 31 de diciembre. Calcularemos la cuenta de resultados previsional, el presupuesto de tesorería previsional y el balance de situación a final del ejercicio.

El balance inicial que presenta la contabilidad de la empresa es:

Balance	
Inmovilizado material	30.000,00
Amortización acumulada	-3.000,00
Activo fijo neto	27.000,00
Existencias	6.000,00
Saldos cuentas a cobrar	8.000,00
Cajas y bancos	9.000,00
Total activo	50.000,00
Capital social	18.000,00
Reservas	12.000,00
Fondos propios	30.000,00
Deuda financiera l/p	16.000,00
Proveedores	4.000,00
Total pasivo	50.000,00

- Las ventas del ejercicio serán de 86.700 euros.

- El saldo de clientes a final del ejercicio será de 15.000 euros.

- Las compras durante el periodo han sido de 37.500 euros.

- El saldo de proveedores a final del ejercicio es de 750 euros.

- Las existencias finales son de 4.230 euros.

- Los gastos que presenta la empresa durante el ejercicio serán: sueldos y salarios por 17.000 euros y 5.000 euros de otros servicios y 1.600 euros de gastos financieros.

.../...

.../...

- Durante el ejercicio devolverá la cantidad de 5.000 euros del préstamo que mantiene desde el inicio del ejercicio.
- El inmovilizado se amortizará en un 5%.

Solución:

La cuenta de resultados calculada con los datos del enunciado será:

Cuenta de pérdidas y ganancias		20XX
Importe neto de la cifra de negocios		86.700,00
Coste de las ventas		-39.270,00
Existencias iniciales	-6.000,00	
Compras	-37.500,00	
Existencias finales	4.230,00	
Margen		47.340,00
Costes de estructura		
Sueldos y salarios		-17.000,00
Otros servicios		-5.000,00
Gastos financieros		-1.600,00
Amortizaciones		-1.500,00
Resultado		**22.330,00**

El presupuesto de tesorería en el que se recogerán las entradas y salidas de flujos de tesorería será:

Saldo inicial tesorería		9.000,00
Pagos explotación		-64.350,00
Sueldos y salarios	-17.000,00	
Otros servicios	-5.000,00	-5.000,00
Gastos financieros	-1.600,00	-1.600,00
Proveedores	-40.750,00	-1.500,00
Cobros de explotación		**22.330,00**
Clientes	79.700,00	
Otros pagos		**-5.000,00**
Devoluciion de préstamo	-5.000,00	
Saldo final de caja		**19.350,00**

.../...

.../...

El balance de situación resultante, después de recoger todos los movimientos anteriores será:

Balance	
Inmovilizado material	30.000,00
Amortización acumulada	-4.500,00
Activo fijo neto	25.500,00
Existencias	4.230,00
Saldos cuentas a cobrar	15.000,00
Cajas y bancos	19.350,00
Total activo	64.080,00
Capital social	18.000,00
Reservas	12.000,00
Resultado del ejercicio	22.330,00
Fondos propios	52.330,00
Deuda financiera l/p	11.000,00
Proveedores	750,00
Total pasivo	64.080,00

En esta unidad hemos visto:

- Todos los recursos de los que dispone la empresa (pasivo) se emplean para adquirir bienes o conceder derechos (activo), dicho de otro modo, todas las cuentas del pasivo deben tener su reflejo en el activo.

- A partir de la cuenta de resultados se determinará el resultado del ejercicio que figurará en el patrimonio neto del balance. Se ha determinado el proceso de cálculo del presupuesto de tesorería anual, y el control del efectivo.

- Si las ventas crecen en un determinado % lo más probable es que las NOF (necesidades operativas de fondos) crezcan en un % similar. Recordemos que las necesidades operativas de fondos se podían definir como Existencias + Clientes + Caja – Proveedores o también como la suma del Fondo de Maniobra + Recursos Negociados.

.../...

 .../...

- Si crecen las NOF, crecerán también las existencias porque se deberá producir más, y también crecerá la cuenta de clientes con la consecuente posibilidad de aumento de riesgos de morosidad (impagos), y crecerá la cuenta de proveedores, y sin duda crecerán las necesidades de recursos a corto plazo a negociar con el banco. Y en este punto la empresa se debe plantear: ¿tiene suficiente línea de crédito? ¿Su imagen económico-financiera es lo suficientemente fiable para que la entidad financiera le conceda el producto de financiación que requiere la empresa y en las condiciones que necesita?

- Una velocidad de crecimiento sostenible y segura sería crecer como mínimo lo que crece el FM (fondo de maniobra), que depende como sabemos de la inyección de reservas que haya introducido en los fondos propios de la empresa procedentes del resultado del ejercicio del año anterior.

- El concepto de *cash-flow* económico se obtiene por la suma del beneficio neto, amortizaciones, provisiones y deterioros. Esto es, por la suma de aquellas partidas de la cuenta de pérdidas y ganancias, que, aunque no supongan desembolsos efectivos, a medio y largo plazo son partidas generadoras de efectivo.

- El *cash-flow* financiero nos indica los excesos o déficits previstos en tesorería, como consecuencia de las estimaciones en los flujos de entrada y salida esperados.

UNIDAD DIDÁCTICA 4

Análisis patrimonial y financiero

Contenido & Objetivos

Introducción

1. **Funciones y diferencias entre el análisis económico y financiero**

2. **Análisis financiero**

3. **Análisis económico**

4. **Análisis porcentual del balance**

5. **Análisis de porcentajes vertical de la cuenta de pérdidas y ganancias**

6. **Ejemplos de análisis vertical y horizontal del balance y la cuenta de resultados**

7. **Fondo de maniobra**

8. **Ratios financieros**

9. **Periodo de maduración**

10. **Umbral de rentabilidad**

11. **Apalancamiento operativo**

Resumen

Los **objetivos** de esta unidad son:

1. Determinar la rentabilidad de la compañía.

2. Relacionar la información relevante para el análisis con los estados contables que la proporcionan.

3. Definir los siguientes instrumentos de análisis y explicar su función:

   - Apalancamiento financiero.

   - Rentabilidad.

Introducción

A lo largo de la presente unidad se expone el análisis de la información contable mediante técnicas que permitan determinar la situación financiera y patrimonial de la empresa. Se profundiza en el análisis de la solvencia y el endeudamiento mediante la técnica de los ratios, el cálculo del fondo de maniobra y del periodo de maduración, el *cash-flow* y el umbral de rentabilidad.

El análisis de estados contables nos permite, partiendo de los datos relativos a la situación financiera, económica y patrimonial de la empresa que nos suministran las cuentas anuales, determinar las causas, tanto positivas como negativas, que motivan la situación presente y a la vista de las mismas adoptar aquellas decisiones que permitan mejorar, a largo y corto plazo, los resultados de la empresa.

El análisis de estados contables se estructura en tres grandes áreas:

⇨ El análisis patrimonial, que estudia la composición y estructura de las masas patrimoniales, sus interrelaciones y cambios.

⇨ El análisis financiero, que profundiza en las necesidades de financiación, a fin de determinar si los recursos que genera la empresa son capaces de atender a los reembolsos de sus pasivos.

⇨ El análisis económico, que examina los resultados obtenidos por la empresa en relación con los capitales invertidos.

Hay que señalar que no existen valores, datos o conclusiones estándar, ya que dependerán del sector de actividad, tamaño de la empresa, situación geográfica, antigüedad, etc.

En el análisis de estados contables se utilizan las siguientes denominaciones para agrupar las distintas masas patrimoniales que integran el balance:

	No corriente o fijo	
Activo	Corriente o circulante	• Existencias. • Realizable: activo circulante que no es ni existencias ni disponible. • Disponbile: dinero existente en caja y bancos.
Pasivo y patrimonio neto	Pasivo	
	Patrimonio neto o fondos propios	• Pasivo no corriente o exigible a largo plazo. • Pasivo corriente o exigible a corto plazo.

125

1. Funciones y diferencias entre el análisis económico y financiero

Para tomar decisiones racionales encaminadas al logro de los objetivos de la empresa, es decir, para realizar una planificación adecuada, es preciso llevar a cabo un estudio profundo de la situación actual tratando de determinar los puntos fuertes y los puntos débiles de la empresa.

El análisis de los estados financieros utiliza diversas técnicas para diagnosticar la situación económico-financiera de la empresa, siendo su objetivo primordial el uso de sus conclusiones para la correcta toma de decisiones.

2. Análisis financiero

El análisis patrimonial y financiero de la empresa se centra en el balance de situación. Tiene la finalidad de estudiar la solvencia y la liquidez de las inversiones, es decir, la capacidad de la empresa para atender sus obligaciones a corto y medio plazo y su necesidad de financiación.

Como ya se ha expuesto anteriormente, dicho informe contable proporciona información sobre los saldos de bienes, derechos y fuentes de financiación propia y ajena en un momento determinado y, obviamente, su estructura viene condicionada por el tipo de negocio al que se dedique la empresa.

El análisis del balance de situación permite evaluar aspectos como: equilibrio financiero, gestión de los activos, situación de liquidez o capacidad de pago, nivel de endeudamiento, independencia financiera, capitalización, etc.

Antes de efectuar el análisis del balance de situación es necesario tener en cuenta lo siguiente:

⇨ Grado de fiabilidad de los datos que proporciona este informe contable.

⇨ Normas de valoración utilizadas.

⇨ Tamaño de la empresa, zona geográfica a la que pertenece y diferencias sectoriales.

⇨ Composición y calidad de las masas patrimoniales.

⇨ Valores medios representativos.

⇨ Etc.

3. Análisis económico

El **análisis económico** se centra en la cuenta de pérdidas y ganancias y ayuda a verificar cómo se generan resultados en una empresa y cómo mejorarlos: evolución de la cifra de ventas global y por productos, evolución del margen bruto global y por productos, evolución de los gastos de estructura, etc.

4. Análisis porcentual del balance

4.1. Análisis porcentual vertical del balance

4.1.1. Concepto

El análisis de un balance comienza con la observación de las masas patrimoniales, como hemos visto en otra unidad del curso. Continuaríamos el análisis con el cálculo de porcentajes horizontales y verticales, así como la elaboración de algunos ratios. La combinación de estas herramientas proporcionará una primera información.

La **técnica de los porcentajes verticales** es sumamente básica y consiste en medir el peso que una cuenta tiene con respecto al total de activo o con respecto al total del PN+ Pasivo.

Cuenta "X" / Total activo o total PN + Pasivo X 100

	Unidades monetarias	%		Unidades monetarias	%
No corriente	46,00	59%	Patrimonio neto	21,50	28%
Existencias	16,45	21%	Pasivo no corriente	10,00	13%
Realizable	8,25	11%	Pasivo corriente	46,00	59%
Disponible	6,80	9%			
Total	77,5	100%	Total	77,5	100%

4.1.2. Directrices

Una vez obtenidos los porcentajes verticales podríamos establecer, de modo orientativo, una serie de directrices:

⇨ **El activo corriente ha de ser mayor y, si es posible, casi el doble, que el pasivo corriente**

Esto es necesario, en principio, para que la empresa no tenga problemas de liquidez y pueda atender sus pagos a corto plazo.

En el ejemplo que vimos en el epígrafe anterior es casi el doble, en los dos años. La empresa no tiene que presentar problemas de liquidez para atender sus pagos.

Respecto a este principio pueden darse 3 situaciones:

a) El activo corriente es casi el doble que el pasivo corriente. En principio, la empresa no tiene problemas de liquidez.

b) El activo corriente es bastante menor al doble del pasivo corriente. La empresa puede tener problemas de liquidez. Este problema se agrava cuando el activo corriente es menor al pasivo corriente, ya que el fondo de maniobra es negativo.

c) El activo corriente es bastante mayor al doble del pasivo corriente. Es posible que la empresa esté infrautilizando sus activos corrientes y obtenga de ellos poca rentabilidad por tener un exceso de estos.

Ante este tipo de situaciones conviene evaluar la posible conveniencia de reducir los excesos de existencias, de tesorería, etc.

⇨ **El realizable más el disponible han de igualar, aproximadamente, al pasivo corriente**

Este principio matiza el anterior ya que la empresa puede tener un activo elevado, pero en existencias, con lo que no tendría efectivo con que atender a sus pagos.

Entendemos por realizable todos los derechos de cobro con vencimiento a corto plazo: clientes, deudores, efectos comerciales a cobrar, etc.

Entendemos por disponible la tesorería, caja y bancos.

En el ejemplo que vimos en el epígrafe anterior, los clientes + tesorería son bastante superiores al pasivo corriente.

Se pueden dar tres situaciones:

a) El realizable más el disponible igualan al pasivo corriente, esto es correcto, en principio la empresa no tendrá problemas de liquidez.

b) El realizable más el disponible son menores que el pasivo corriente. Es posible que la empresa tenga problemas para atender los pagos. Hay que tomar medidas para reducir las deudas a corto plazo.

c) El realizable más el disponible exceden al pasivo corriente. Es posible que la empresa esté infrautilizando sus inversiones en realizable y disponible.

Esto es lo que sucede en el ejemplo, el realizable más el disponible exceden demasiado al pasivo corriente, hay exceso de tesorería.

⇨ **Los capitales propios han de ascender al 40% o 50% del total del pasivo**

Este porcentaje es necesario para que la empresa esté suficientemente capitalizada y su endeudamiento no sea excesivo.

Se pueden dar 3 situaciones:

a) Los capitales propios representan el 40% o 50% del total del pasivo. La empresa está suficientemente capitalizada.

b) Los capitales propios representan menos del 40% del pasivo. A la empresa le falta capital y le sobran deudas.

c) Los capitales propios representan más del 50% del pasivo. Posiblemente, la empresa tiene un capital excesivo y quizá lo infrautilice no obteniendo una buena rentabilidad de este.

En relación a los principios generales anteriores, la mejor situación es la a), la peor, la b) y la situación c) es negativa, pero fácilmente solucionable, ya que lo que sucede es que sobran recursos y lo que se ha de hacer es invertirlos convenientemente.

4.2. Análisis porcentual horizontal del balance

Los **porcentajes horizontales** se obtienen comparando cualquier partida de un periodo determinado contra la misma partida del periodo anterior.

Cuenta "X" del año n – Cuenta "X" del año n-1 / Cuenta "X" del año n-1 X 100

Activo	20XX	20XX-1	%
A) ACTIVO NO CORRIENTE	8.330	7.880	-7.880%
I. Inmovilizado intangible.	300	300	0,00%
II. Inmovilizado material.	7.570	7.130	-5,81%
V. Inversiones financieras a largo plazo.	460	450	-2,17%
B) ACTIVO CORRIENTE	4.280	5.900	37,85%
II. Existencias.	600	1.100	83,33%
III. Deudores comerciales y otras cuentas a cobrar.	720	900	25,00%
1. Clientes por ventas y prestaciones de servicios.	720	900	
VII. Efectivo y otros activos líquidos equivalentes.	2.960	3.900	31,76%
TOTAL ACTIVO	12.610	13.780	9,28%

Para calcular los porcentajes horizontales:

Importe partida 20XX+1-Importe partida 20XX / Importe partida 20XX X 100

 Por ejemplo, para el activo no corriente:

(7.880 – 8.330) / 8.330 X 100 = -5,40%

Nos indican la variación sufrida por las diferentes partidas con respecto al año anterior.

5. Análisis de porcentajes vertical de la cuenta de pérdidas y ganancias

También aplicaremos a la cuenta de pérdidas y ganancias el análisis de porcentajes vertical. Si se realiza en diversos ejercicios permite ver la evolución de los diferentes gastos y beneficio.

El primer paso del análisis económico es el cálculo de los porcentajes de los resultados ordinarios. Para ello, se obtiene el porcentaje que representan los diferentes gastos y beneficios sobre las ventas.

Es necesario observar el destino de cada 100 unidades vendidas, con el fin de optimizar los costes y el resultado del ejercicio.

Una disminución del beneficio no es sinónimo de descenso de las ventas, puede venir provocado por un aumento del coste de personal, lo cual puede ser un indicador de ineficiencia en la gestión de recursos humanos y deberemos prestar atención a este punto en el análisis cualitativo que realicemos a la empresa.

Es interesante observar también qué porcentaje suponen los gastos variables, ya que hay sectores que trabajan con un margen del 50% o superior.

131

	Importe	%
Ventas	1.300	100,00%
- Coste de ventas	-625	-48,08%
Margen bruto	675	51,92%
- Costes fijos	-425	-32,69%
Beneficios antes de intereses e impuestos	250	19,23%
- Gastos financieros	-52	-4,00%
Beneficio antes de impuestos	198	15,23%
- Impuesto sobre el beneficio	-50	-3,85%
Beneficio neto	**148**	**11,38%**

El análisis de la cuenta de resultados en porcentajes realizada en varios periodos permite observar la evolución de los diferentes gastos y beneficios.

En las cuentas de resultados anteriores se observa una caída del beneficio neto en relación a las ventas a causa del aumento del coste de ventas, ya que los demás gastos prácticamente no han variado.

Únicamente se han reducido los impuestos sobre los beneficios.

Al igual que con los balances, con las cuentas de resultados en porcentajes se pueden obtener gráficos.

De forma complementaria y con resultado muy valioso deberíamos realizar un análisis de costes a nivel de producto.

6. Ejemplos de análisis vertical y horizontal del balance y la cuenta de resultados

6.1. Ejemplo 1

⇨ **Balance de situación y cuenta de resultados**

Partiremos de los siguientes balances de situación y cuenta de resultados:

	20XX	20XX+1	20XX+2
A) ACTIVO NO CORRIENTE	**29.120,00**	**24.160,00**	**17.200,00**
I. Inmovilizado intangible	0	0	0
II. Inmovilizado material	29.120,00	24.160,00	17.200,00
III. Inversiones inmobiliarias	0	0	0
IV. Inversiones en empresas del grupo y asociadas a l/p	0	0	0
V. Inversiones financieras l/p	0	0	0
VI. Activos por impuesto diferido			
B) ACTIVO CORRIENTE	**90.474,63**	**110.501,93**	**137.711,97**
I. Activos no corrientes mantenidos por la venta	0	0	0
II. Existencias	13.985,00	14.250,00	13.915,00
III. Deudores comerciales y otras cuentas a cobrar	56.140,63	45.871,59	64.264,31
1. Clientes por ventas y prestaciones de servicios	50.370,63	37.225,42	53.712,62
2. Accionistas (socios) por desembolsos exigidos	0	0	0
3. Otros deudores	5.770,00	8.646,17	10.551,70
IV. Inversiones en empresas del grupo y asociadas a c/p	0	0	
V. Inversiones financieras c/p	0	0	
VI. Periodificaciones c/p	0	0	0
VII. Efectivo y otros activos líquidos equivalentes	20.349,00	50.380,34	59.532,66
TOTAL ACTIVO A+B	**119.594,63**	**134.661,93**	**154.911,97**

	20XX	20XX+1	20XX+2
A) PATRIMONIO NETO	**66.392,13**	**86.693,83**	**107.531,57**
A-1) Fondos propios	66.392,13	86.693,83	107.531,57
I. Capital	3.100,00	3.100,00	3.100,00
1. Capital escriturado	3.100,00	3.100,00	3.100,00
2. (Capital no exigido)			
II. Prima de emisión			
III. Reservas	45.275,00	63.292,13	83.593,83
IV. (Acciones y participaciones en patrimonio propias)			
V. Resultados del ejercicio anterior	0	0	0
VI. Otras aportaciones de socios			
VII. Resultado del ejercicio	18.017,13	20.301,70	20.837,74

	20XX	20XX+1	20XX+2
VIII. (Dividendo a cuenta)			
IX. Otros instrumentos de patrimonio neto			
A-2) Ajustes por cambios de valor			
A-3) Subvenciones, donaciones y legados recibidos			
B) PASIVO NO CORRIENTE	**9.520,00**	**6.346,67**	**5.000,00**
I. Provisiones a largo plazo			
II. Deudas a largo plazo	9.520,00	6.346,67	5.000,00
1. Deudas con entidades de crédito			
2. Acreedores por arrendamiento financiero			
3. Otras deudas a largo plazo	9.520,00	6.346,67	5.000,00
III. Deudas con empresas del grupo y asociadas a largo plazo			
IV. Pasivos por impuesto diferido			
V. Periodificaciones a largo plazo			
C) PASIVO CORRIENTE	**43.682,50**	**41.621,44**	**42.380,41**
I. Pasivos vinculados con activos no corrientes mantenidos para la venta			
II. Provisiones a corto plazo			
III. Deudas a corto plazo	1.256,00	1.775,00	1.956,21
1. Deudas con entidades de crédito	1.256,00	1.775,00	1.956,21
2. Acreedores por arrendamiento financiero	0	0	0
3. Otras deudas a largo plazo	0	0	0
IV. Deudas con empresas del grupo y asociadas a corto plazo			
V. Acreedores comerciales y otras cuentas a para	42.426,50	39.846,44	40.424,20
1. Proveedores	32.010,54	29.979,76	28.798,23
2. Otros acreedores	10.415,96	9.866,68	11.625,97
VI. Periodificaciones a corto plazo	0	0	0
TOTAL PATRIMONIO NETO Y PASIVO (A+B+C)	**119.594,63**	**134.661,93**	**154.911,97**

PÉRDIDAS Y GANANCIAS	20XX	20XX+1	20XX+2
1. Importe neto de la cifra de negocios	459.632,00	485.260,00	502.695,00
2. Variación de existencias de productos terminados y en curso de fabricación	-765	265	-335
3. Trabajos realizados por la empresa para su activo			
4. Aprovisionamientos	-188.449,12	-198.956,60	-206.104,95
5. Otros ingresos de explotación			
6. Gastos de personal	-160.871,20	-169.841,00	-175.943,25
7. Otros gastos de explotación	-78.137,44	-82.494,20	-85.458,15
8. Amortización del inmovilizado	-6.720,00	-6.720,00	-6.720,00
9. Imputación de subvenciones de inmovilizado no financiero			
10. Exceso de provisiones			
11. Deterioro y resultado por enajenaciones del inmovilizado			
12. Diferencia negativa de combinaciones de negocio			
13. Otros resultados			
A) RESULTADO DE EXPLOTACIÓN	24.689,24	27.513,20	28.133,65
14 Ingresos financieros			
a) Imputación a subvenciones, concesiones y legados carácter financiero			
b) Otros ingresos financieros			
15. Gastos financieros	-666,4	-444,27	-350
16. Variación de valor razonable en instrumentos de patrimonio			
17. Diferencias de cambio			
18. Deterioro y resultado por enajenación de instrumentos financieros			
19. Otros ingresos y gastos de carácter financiero			
a) Incorporación al activo de gastos financieros			
b) Ingresos financieros derivados de convenios de acreedores			
c) Resto de ingresos/gastos			
B) RESULTADO FINANCIERO	-666,4	-444,27	-350
C) RESULTADO ANTES DE IMPUESTOS	24.022,84	27.068,93	27.783,65
20. Impuesto sobre beneficios	6.005,71	6.767,23	6.945,91
D) RESULTADO DEL EJERCICIO	18.017,13	20.301,70	20.837,74

Realizamos los cálculos del análisis vertical:

	20XX	%	20XX+1	%	20XX+2	%
A) ACTIVO NO CORRIENTE	**29.120,00**	**24,35%**	**24.160,00**	**17,94%**	**17.200,00**	**11,10%**
I. Inmovilizado intangible	0,00	0,00%	0,00	0,00%	0,00	0,00%
II. Inmovilizado material	29.120,00	24,35%	24.160,00	17,94%	17.200,00	11,10%
III. Inversiones inmobiliarias	0,00	0,00%	0,00	0,00%	0,00	0,00%
IV. Inversiones en empresas del grupo y asociadas a l/p	0,00	0,00%	0,00	0,00%	0,00	0,00%
V. Inversiones financieras l/p	0,00	0,00%	0,00	0,00%	0,00	0,00%
VI. Activos por impuesto diferido	0,00	0,00%	0,00	0,00%	0,00	0,00%
B) ACTIVO CORRIENTE	**90.474,63**	**75,65%**	**110.501,93**	**82,06%**	**137.711,97**	**88,90%**
I. Activos no corrientes mantenidos por la venta	0,00	0,00%	0,00	0,00%	0,00	0,00%
II. Existencias	13.985,00	11,69%	14.250,00	10,58%	13.915,00	8,98%
III. Deudores comerciales y otras cuenta a cobrar	56.140,63	46,94%	45.871,59	34,06%	64.264,31	41,48%
1. Clientes por ventas y prestaciones de servicios	50.370,63	42,12%	37.225,42	27,64%	53.712,62	34,67%
2. Accionistas (socios) por desembolsos exigidos	0,00	0,00%	0,00	0,00%	0,00	0,00%
3. Otros deudores	5.770,00	4,82%	8.646,17	6,42%	10.551,70	6,81%
IV. Inversiones en empresas del grupo y asociadas a c/p	0,00	0,00%	0,00	0,00%	0,00	0,00%
V. Inversiones financieras c/p	0,00	0,00%	0,00	0,00%	0,00	0,00%
VI. Periodificaciones c/p	0,00	0,00%	0,00	0,00%	0,00	0,00%
VII. Efectivo y otros activos líquidos equivalentes	20.349,00	17,01%	50.380,34	37,41%	59.532,66	38,43%
TOTAL ACTIVO A+B	**119.594,63**	**100,00%**	**134.661,93**	**100,00%**	**154.911,97**	**100,00%**

	20XX	%	20XX+1	%	20XX+2	%
A) PATRIMONIO NETO	**66.392,13**	**55,51%**	**86.693,83**	**64,38%**	**107.531,57**	**69,41%**
A-1) Fondos propios	66.392,13	55,51%	86.693,83	64,38%	107.531,57	69,41%
I. Capital	3.100,00	2,59%	3.100,00	2,30%	3.100,00	2,00%
1. Capital escriturado	3.100,00	2,59%	3.100,00	2,30%	3.100,00	2,00%
2. (Capital no exigido)	0,00	0,00%	0,00	0,00%	0,00	0,00%
II. Prima de emisión	0,00	0,00%	0,00	0,00%	0,00	0,00%
III. Reservas	45.275,00	37,86%	63.292,13	47,00%	83.593,83	53,96%
IV. (Acciones y participaciones en patrimonio propias)	0,00	0,00	0,00	0,00	0,00	0,00
V. Resultados del ejercicio anteriores	0,00	0,00	0,00	0,00	0,00	0,00
VI. Otras aportaciones de socios	0,00	0,00	0,00	0,00	0,00	0,00
VII. Resultado del ejercicio	18.017,13	15,07%	20.301,70	15,08%	20.837,74	13,45%
VIII. (Dividendo a cuenta)	0,00	0,00	0,00	0,00	0,00	0,00
IX. Otros instrumentos de patrimonio neto	0,00	0,00	0,00	0,00	0,00	0,00
A-2) Ajustes por cambios de valor	0,00	0,00	0,00	0,00	0,00	0,00
A-3) Subvenciones, donaciones y legados recibidos	0,00	0,00	0,00	0,00	0,00	0,00
B) PASIVO NO CORRIENTE	**9.520,00**	**7,96%**	**6.346,67**	**4,71%**	**5.000,00**	**3,23%**
I. Provisiones a largo plazo	0,00	0,00	0	0,00	0,00	0,00
II. Deudas a largo plazo	9.520,00	7,96%	6.346,67	4,71%	5.000,00	3,23%
1. Deudas con entidades de crédito	0,00	0,00	0	0,00	0,00	0,00
2. Acreedores por arrendamiento financiero	0,00	0,00	0	0,00	0,00	0,00
3. Otras deudas a largo plazo	9.520,00	7,96%	6.346,67	4,71%	5.000,00	3,23%
III. Deudas con empresas del grupo y asociadas a largo plazo	0,00	0,00	0	0,00	0,00	0,00
IV. Pasivos por impuesto diferido	0,00	0,00	0	0,00	0,00	0,00
V. Periodificaciones a largo plazo	0,00	0,00	0	0,00	0,00	0,00

	20XX	%	20XX+1	%	20XX+2	%
C) PASIVO CORRIENTE	**43.682,50**	**36,53%**	**41.621,44**	**30,91%**	**42.380,41**	**27,36%**
I. Pasivos vinculados con activos no corrientes mantenidos para la venta	0	0,00	0	0,00	0,00	0,00
II. Provisiones a corto plazo	0	0,00	0	0,00	0,00	0,00
III. Deudas a corto plazo	1.256,00	1,05%	1.775,00	1,32%	1.956,21	1,26%
1. Deudas con entidades de crédito	1.256,00	1,05%	1.775,00	1,32%	1.956,21	1,26%
2. Acreedores por arrendamiento financiero	0	0,00	0	0,00	0,00	0,00
3. Otras deudas a largo plazo	0	0,00	0	0,00	0,00	0,00
IV. Deudas con empresas del grupo y asociadas a corto plazo	0	0,00	0	0,00	0,00	0,00
V. Acreedores comerciales y otras cuentas	42.426,50	35,48%	39.846,44	29,59%	40.424,20	26,09%
1. Proveedores	32.010,54	26,77%	29.979,76	22,26%	28.798,23	18,59%
2. Otros acreedores	10.415,96	8,71%	9.866,68	7,33%	11.625,97	7,50%
VI. Periodificaciones a corto plazo	0	0,00	0	0,00	0,00	0,00
TOTAL PATRIMONIO NETO Y PASIVO (A+B+C)	**119.594,63**	**100,00%**	**134.661,93**	**100,00%**	**154.911,97**	**100,00%**

PÉRDIDAS Y GANANCIAS	20XX	%	20XX+1	%	20XX+2	%
1. Importe neto de la cifra de negocios	459.632,00	100,00%	485.260,00	100,00%	502.695,00	100,00%
2. Variación de existencias de productos terminados y en curso de fabricación	-765,00	-0,20%	265,00	0,10%	-335,00	-0,10%
3. Trabajos realizados por la empresa para su activo	0,00	0,00%	0,00	0,00%	0,00	0,00%
4. Aprovisionamientos	-188.449,12	-41,00%	-198.956,60	-41,00%	-206.104,95	-41,00%
5. Otros ingresos de explotación	0,00	0,00%	0,00	0,00%	0,00	0,00%
6. Gastos de personal	-160.871,20	-35,00%	-169.841,00	-35,00%	-175.943,25	-35,00%
7. Otros gastos de explotación	-78.137,44	-17,00%	-82.494,20	-17,00%	-85.458,15	-17,00%
8. Amortización del inmovilizado	-6.720,00	-1,50%	-6.720,00	-1,40%	-6.720,00	-1,30%

PÉRDIDAS Y GANANCIAS	20XX	%	20XX+1	%	20XX+2	%
9. Imputación de subvenciones de inmovilizado no financiero	0,00	0,00%	0,00	0,00%	0,00	0,00%
10. Exceso de provisiones	0,00	0,00%	0,00	0,00%	0,00	0,00%
11. Deterioro y resultado por enajenaciones del inmovilizado	0,00	0,00%	0,00	0,00%	0,00	0,00%
12. Diferencia negativa de combinaciones de negocio	0,00	0,00%	0,00	0,00%	0,00	0,00%
13. Otros resultados	0,00	0,00%	0,00	0,00%	0,00	0,00%
A) RESULTADO DE EXPLOTACIÓN	24.689,24	5,40%	27.513,20	5,80%	28.133,65	5,60%
14 Ingresos financieros	0,00	0,00%	0,00	0,00%	0,00	0,00%
a) Imputación a subvenciones, concesiones y legados carácter financiero	0,00	0,00%	0,00	0,00%	0,00	0,00%
b) Otros ingresos financieros	0,00	0,00%	0,00	0,00%	0,00	0,00%
15. Gastos financieros	-666,40	-0,10%	-444,27	-0,10%	-350,00	-0,10%
16. Variación de valor razonable en instrumentos de patrimonio	0,00	0,00%	0,00	0,00%	0,00	0,00%
17. Diferencias de cambio	0,00	0,00%	0,00	0,00%	0,00	0,00%
18. Deterioro y resultado por enajenación de instrumentos financieros	0,00	0,00%	0,00	0,00%	0,00	0,00%
19. Otros ingresos y gastos de carácter financiero	0,00	0,00%	0,00	0,00%	0,00	0,00%
a) Incorporación al activo de gastos financieros	0,00	0,00%	0,00	0,00%	0,00	0,00%
b) Ingresos financieros derivados de convenios de acreedores	0,00	0,00%	0,00	0,00%	0,00	0,00%
c) Resto de ingresos/ gastos	0,00	0,00%	0,00	0,00%	0,00	0,00%
	0	0,00%	0,00	0,00%	0,00	0,00%
B) RESULTADO FINANCIERO	-666,40	-0,10%	-444,27	-0,10%	-350,00	-0,10%

PÉRDIDAS Y GANANCIAS	20XX	%	20XX+1	%	20XX+2	%
C) RESULTADO ANTES DE IMPUESTOS	24.022,84	5,20%	27.068,93	5,60%	27.783,65	5,50%
20. Impuesto sobre beneficios	6.005,71	-1,30%	6.767,23	-1,40%	6.945,91	-1,40%
D) RESULTADO DEL EJERCICIO	18.017,13	3,90%	20.301,70	4,20%	20.837,74	4,10%

6.2. Ejemplo 2

Partiremos del siguiente balance de situación y realizaremos el análisis porcentual vertical y horizontal:

⇨ **Análisis porcentual vertical**

Antes del cálculo

ACTIVO	20XX	20XX+1
A) ACTIVO NO CORRIENTE	8.330	7.880
I. Inmovilizado intangible.	300	300
II. Inmovilizado material.	7.570	7.130
V. Inversiones financieras a largo plazo.	460	450
B) ACTIVO CORRIENTE	4.280	5.900
II. Existencias.	600	1.100
III. Deudores comerciales y otras cuentas a cobrar.	720	900
1. Clientes por ventas y prestaciones de servicios.	720	900
VII. Efectivo y otros activos líquidos equivalentes.	2.960	3.900
TOTAL ACTIVO	12.610	13.780
PATRIMONIO NETO Y PASIVO		
A) PATRIMONIO NETO	9.100	10.150
A-1) Fondos propios.	9.100	10.150
I. Capital.	8.000	9.000
1. Capital escriturado.	8.000	9.000
2. (Capital no exigido).		
III. Reservas.	1.100	1.150
B) PASIVO NO CORRIENTE	1.070	880
II. Deudas a largo plazo.	1.070	880
1. Deuda con entidades de crédito.	750	500
3. Otras deudas a largo plazo.	320	380
C) PASIVO CORRIENTE	2.440	2.750
III. Deudas a corto plazo.	470	400

ACTIVO	20XX	20XX+1
1. Deuda con entidades de crédito.	250	200
2. Otras deudas a corto plazo.	220	200
V. Acreedores comerciales y otras cuentas a pagar.	1.970	2.350
1. Proveedores.	540	690
2. Otros acreedores.	1.430	1.660
TOTAL PATRIMONIO NETO Y PASIVO	12.610	13.780

Después del cálculo

ACTIVO	20XX	% 20XX	20XX+1	% 20XX+1
A) ACTIVO NO CORRIENTE	8.330	66,06%	7.880	57,18%
I. Inmovilizado intangible.	300	2,38%	300	2,18%
II. Inmovilizado material.	7.570	60,03%	7.130	51,74%
V. Inversiones financieras a largo plazo.	460	3,65%	450	3,27%
B) ACTIVO CORRIENTE	4.280	33,94%	5.900	42,82%
II. Existencias.	600	4,76%	1.100	7,98%
III. Deudores comerciales y otras cuentas a cobrar.	720	5,71%	900	6,53%
1. Clientes por ventas y prestaciones de servicios.	720	5,71%	900	6,53%
VII. Efectivo y otros activos líquidos equivalentes.	2.960	23,47%	3.900	28,30%
TOTAL ACTIVO	12.610	100,00%	13.780	100,00%
PATRIMONIO NETO Y PASIVO				
A) PATRIMONIO NETO	9.100	72,16%	10.150	73,66%
A-1) Fondos propios.	9.100	72,16%	10.150	73,66%
I. Capital.	8.000	63,44%	9.000	65,31%
1. Capital escriturado.	8.000	63,44%	9.000	65,31%
2. (Capital no exigido).	0	0,00%	0	0,00%
III. Reservas.	1.100	8,72%	1.150	8,35%
B) PASIVO NO CORRIENTE	1.070	8,49%	880	6,39%
II. Deudas a largo plazo.	1.070	8,49%	880	6,39%
1. Deuda con entidades de crédito.	750	5,95%	500	3,63%
3. Otras deudas a largo plazo.	320	2,54%	380	2,76%

C) PASIVO CORRIENTE	2.440	19,35%	2.750	19,96%
III. Deudas a corto plazo.	470	3,73%	400	2,90%
1. Deuda con entidades de crédito.	250	1,98%	200	1,45%
2. Otras deudas a corto plazo.	220	1,74%	200	1,45%
V. Acreedores comerciales y otras cuentas a pagar.	1.970	15,62%	2.350	17,05%
1. Proveedores.	540	4,28%	690	5,01%
2. Otros acreedores.	1.430	11,34%	1.660	12,05%
TOTAL PATRIMONIO NETO Y PASIVO	12.610	100,00%	13.780	100,00%

⇨ Análisis porcentual horizontal

Tabla 1

ACTIVO	20XX	20XX+1
A) ACTIVO NO CORRIENTE	8.330	7.880
I. Inmovilizado intangible.	300	300
II. Inmovilizado material.	7.570	7.130
V. Inversiones financieras a largo plazo.	460	450
B) ACTIVO CORRIENTE	4.280	5.900
II. Existencias.	600	1.100
III. Deudores comerciales y otras cuentas a cobrar.	720	900
1. Clientes por ventas y prestaciones de servicios.	720	900
VII. Efectivo y otros activos líquidos equivalentes.	2.960	3.900
TOTAL ACTIVO	12.610	13.780
PATRIMONIO NETO Y PASIVO		
A) PATRIMONIO NETO	9.100	10.150
A-1) Fondos propios.	9.100	10.150
I. Capital.	8.000	9.000
1. Capital escriturado.	8.000	9.000
2. (Capital no exigido).		
III. Reservas.	1.100	1.150
B) PASIVO NO CORRIENTE	1.070	880
II. Deudas a largo plazo.	1.070	880
1. Deuda con entidades de crédito.	750	500
3. Otras deudas a largo plazo.	320	380

ACTIVO	20XX	20XX+1
C) PASIVO CORRIENTE	2.440	2.750
III. Deudas a corto plazo.	470	400
1. Deuda con entidades de crédito.	250	200
2. Otras deudas a corto plazo.	220	200
V. Acreedores comerciales y otras cuentas a pagar.	1.970	2.350
1. Proveedores.	540	690
2. Otros acreedores.	1.430	1.660
TOTAL PATRIMONIO NETO Y PASIVO (A+B+C)	12.610	13.780

Tabla 2

ACTIVO	20XX	20XX+1	%
A) ACTIVO NO CORRIENTE	8.330	7.880	-5,40%
I. Inmovilizado intangible.	300	300	0,00%
II. Inmovilizado material.	7.570	7.130	-5,81%
V. Inversiones financieras a largo plazo.	460	450	-2,17%
B) ACTIVO CORRIENTE	4.280	5.900	37,85%
II. Existencias.	600	1.100	83,33%
III. Deudores comerciales y otras cuentas a cobrar.	720	900	25,00%
1. Clientes por ventas y prestaciones de servicios.	720	900	
VII. Efectivo y otros activos líquidos equivalentes.	2.960	3.900	31,76%
TOTAL ACTIVO	12.610	13.780	9,28%
PATRIMONIO NETO Y PASIVO			
A) PATRIMONIO NETO	9.100	10.150	11,54%
A-1) Fondos propios.	9.100	10.150	
I. Capital.	8.000	9.000	12,50%
1. Capital escriturado.	8.000	9.000	
2. (Capital no exigido).	0	0	
III. Reservas.	1.100	1.150	4,55%
B) PASIVO NO CORRIENTE	1.070	880	-17,76%
II. Deudas a largo plazo.	1.070	880	-17,76%
1. Deuda con entidades de crédito.	750	500	
3. Otras deudas a largo plazo.	320	380	

ACTIVO	20XX	20XX+1	%
C) PASIVO CORRIENTE	2.440	2.750	12,70%
III. Deudas a corto plazo.	470	400	-14,89%
1. Deuda con entidades de crédito.	250	200	
2. Otras deudas a corto plazo.	220	200	
V. Acreedores comerciales y otras cuentas a pagar.	1.970	2.350	19,29%
1. Proveedores.	540	690	
2. Otros acreedores.	1.430	1.660	
TOTAL PATRIMONIO NETO Y PASIVO (A+B+C)	12.610	13.780	9,28%

6.3. Ejemplo 3

Partiremos del siguiente balance de situación y realizaremos el análisis porcentual vertical y horizontal:

⇨ **Análisis vertical**

Antes del cálculo

Activo	20XX	20XX-1	20XX-2	20XX-3	20XX-4
A) Activo no corriente	5.494.407	4.518.292	3.945.720	3.575.406	3.452.266
I Inmovilizado intangible	139.828	101.724	114.689	107.091	95.289
II Inmovilizado material	4.676.918	3.810.645	3.281.678	3.106.235	2.912.943
III Inversiones inmobiliarias	83.783	81.809	71.010		
IV Inversiones en empresas del grupo y asociadas a largo plazo	234.304	105.110	73.422	65.656	69.505
V Inversiones financieras a largo plazo	298.625	363.801	357.665	250.901	335.975
VI Activos por impuesto diferido	60.949	55.203	47.256	45.523	38.554
B) Activo corriente	3.642.168	3.932.262	4.248.917	4.084.708	3.608.120
II Existencias	704.439	747.835	716.407	654.578	612.458
III Deudores comerciales y otras cuentas a cobrar	119.939	134.608	117.005	92.834	74.522
1. Clientes por ventas y prestaciones de servicios					

Activo	20XX	20XX-1	20XX-2	20XX-3	20XX-4
3. Deudores varios	119.939	134.608	117.005	92.834	74.522
IV Inversiones en empresas del grupo y asociadas a corto plazo		9.145	7.125	700	920
V Inversiones financieras a corto plazo	111.583	183.070	95.395	73.960	33.068
VI Periodificaciones a corto plazo	7.017	8.365	11.175	5.643	3.738
VII Efectivo y otros activos líquidos equivalentes	2.699.190	2.849.239	3.301.810	3.256.993	2.883.414
Total activo (A + B)	9.136.575	8.450.554	8.194.637	7.660.114	7.060.386

Patrimonio neto y Pasivo	20XX	20XX-1	20XX-2	20XX-3	20XX-4
A) Patrimonio neto	5.583.359	5.113.282	4.911.843	4.392.263	3.884.206
A-1) Fondos propios	5.582.931	5.112.613	4.910.752	4.390.647	3.881.935
I Capital	15.921	15.921	15.921	15.921	15.921
II Prima de emisión	1.736	1.736	1.736	1.736	1.736
III Reservas	5.051.299	4.851.294	4.335.398	3.840.208	3.399.582
IV (Acciones y participaciones en patrimonio propias)	-78.563	-78.563	-78.563	-78.563	-78.563
VII Resultado del ejercicio	592.538	322.225	636.260	611.345	543.259
A-2) Ajustes por cambios de valor				-39	-9
A-3) Subvenciones, donaciones y legados recibidos	428	669	1.091	1.655	2.280
B) Pasivo no corriente	66.479	82.803	91.743	106.888	135.498
I Provisiones a largo plazo	6.142	6.099	6.773	12.182	17.166
II Deudas a largo plazo	13.354	20.371	18.499	12.021	11.029
IV Pasivos por impuesto diferido	46.983	56.333	66.471	82.685	107.303
C) Pasivo corriente	3.486.737	3.254.469	3.191.051	3.160.963	3.040.682
III Deudas a corto plazo					

Patrimonio neto y Pasivo	20XX	20XX-1	20XX-2	20XX-3	20XX-4
V Acreedores comerciales y otras cuentas a pagar	3.486.737	3.254.469	3.191.051	3.160.963	3.040.682
1. Proveedores	2.421.575	2.344.878	2.266.580	2.224.644	2.096.411
6. Otras deudas con las Administraciones Públicas	347.012	341.673	324.834	314.568	295.120
Total patrimonio neto y pasivo (A + B + C)	9.136.575	8.450.554	8.194.637	7.660.114	7.060.386

Después del cálculo

Activo	20XX	20XX-1	20XX-2	20XX-3	20XX-4
A) Activo no corriente	60%	53%	48%	47%	49%
I Inmovilizado intangible	2%	1%	1%	1%	1%
II Inmovilizado material	51%	45%	40%	41%	41%
III Inversiones inmobiliarias	1%	1%	1%	0%	0%
IV Inversiones en empresas del grupo y asociadas a largo plazo	3%	1%	1%	1%	1%
V Inversiones financieras a largo plazo	3%	4%	4%	3%	5%
VI Activos por impuesto diferido	1%	1%	1%	1%	1%
B) Activo corriente	40%	47%	52%	53%	51%
II Existencias	8%	9%	9%	9%	9%
III Deudores comerciales y otras cuentas a cobrar	1%	2%	1%	1%	1%
1. Clientes por ventas y prestaciones de servicios	0%	0%	0%	0%	0%
3. Deudores varios	1%	2%	1%	1%	1%
IV Inversiones en empresas del grupo y asociadas a corto plazo	0%	0%	0%	0%	0%
V Inversiones financieras a corto plazo	1%	2%	1%	1%	0%
VI Periodificaciones a corto plazo	0%	0%	0%	0%	0%
VII Efectivo y otros activos líquidos equivalentes	30%	34%	40%	43%	41%
Total activo (A + B)	100%	100%	100%	100%	100%

Patrimonio neto y Pasivo	20XX	20XX-1	20XX-2	20XX-3	20XX-4
A) Patrimonio neto	61%	61%	60%	57%	55%
A-1) Fondos propios	61%	61%	60%	57%	55%
I Capital	0%	0%	0%	0%	0%
II Prima de emisión	0%	0%	0%	0%	0%
III Reservas	55%	57%	53%	50%	48%
IV (Acciones y participaciones en patrimonio propias)	-1%	-1%	-1%	-1%	-1%
VII Resultado del ejercicio	6%	4%	8%	8%	8%
A-2) Ajustes por cambios de valor	0%	0%	0%	0%	0%
A-3) Subvenciones, donaciones y legados recibidos	0%	0%	0%	0%	0%
B) Pasivo no corriente	1%	1%	1%	1%	2%
I Provisiones a largo plazo	0%	0%	0%	0%	0%
II Deudas a largo plazo	0%	0%	0%	0%	0%
IV Pasivos por impuesto diferido	1%	1%	1%	1%	2%
C) Pasivo corriente	38%	39%	39%	41%	43%
III Deudas a corto plazo	0%	0%	0%	0%	0%
V Acreedores comerciales y otras cuentas a pagar	38%	39%	39%	41%	43%
1. Proveedores	27%	28%	28%	29%	30%
6. Otras deudas con las Administraciones Públicas	4%	4%	4%	4%	4%
Total patrimonio neto y pasivo (A + B + C)	100%	100%	100%	100%	100%

⇨ **Análisis porcentual horizontal**

Antes del cálculo

20XX	20XX-1	20XX-2	20XX-3	20XX-4
5.494.407	4.518.292	3.945.720	3.575.406	3.452.266
139.828	101.724	114.689	107.091	95.289
4.676.918	3.810.645	3.281.678	3.106.235	2.912.943
83.783	81.809	71.010		
234.304	105.110	73.422	65.656	69.505
298.625	363.801	357.665	250.901	335.975

147

20XX	20XX-1	20XX-2	20XX-3	20XX-4
60.949	55.203	47.256	45.523	38.554
3.642.168	3.932.262	4.248.917	4.084.708	3.608.120
704.439	747.835	716.407	654.578	612.458
119.939	134.608	117.005	92.834	74.522
119.939	134.608	117.005	92.834	74.522
	9.145	7.125	700	920
111.583	183.070	95.395	73.960	33.068
7.017	8.365	11.175	5.643	3.738
2.699.190	2.849.239	3.301.810	3.256.993	2.883.414
9.136.575	**8.450.554**	**8.194.637**	**7.660.114**	**7.060.386**

20XX	20XX-1	20XX-2	20XX-3	20XX-4
5.583.359	5.113.282	4.911.843	4.392.263	3.884.206
5.582.931	5.112.613	4.910.752	4.390.647	3.881.935
15.921	15.921	15.921	15.921	15.921
1.736	1.736	1.736	1.736	1.736
5.051.299	4.851.294	4.335.398	3.840.208	3.399.582
-78.563	-78.563	-78.563	-78.563	-78.563
592.538	322.225	636.260	611.345	543.259
			-39	-9
428	669	1.091	1.655	2.280
66.479	82.803	91.743	106.888	135.498
6.142	6.099	6.773	12.182	17.166
13.354	20.371	18.499	12.021	11.029
46.983	56.333	66.471	82.685	107.303
3.486.737	3.254.469	3.191.051	3.160.963	3.040.682
3.486.737	3.254.469	3.191.051	3.160.963	3.040.682
2.421.575	2.344.878	2.266.580	2.224.644	2.096.411
347.012	341.673	324.834	314.568	295.120
9.136.575	**8.450.554**	**8.194.637**	**7.660.114**	**7.060.386**

Después del cálculo

Activo	20XX	20XX-1	20XX-2	20XX-3
A) Activo no corriente	22%	15%	10%	4%
I Inmovilizado intangible	37%	-11%	7%	12%
II Inmovilizado material	23%	16%	6%	7%
III Inversiones inmobiliarias	2%	15%		
IV Inversiones en empresas del grupo y asociadas a largo plazo	123%	43%	12%	-6%
V Inversiones financieras a largo plazo	-18%	2%	43%	-25%
VI Activos por impuesto diferido	10%	17%	4%	18%
B) Activo corriente	-7%	-7%	4%	13%
II Existencias	-6%	4%	9%	7%
III Deudores comerciales y otras cuentas a cobrar	-11%	15%	26%	25%
1. Clientes por ventas y prestaciones de servicios				
3. Deudores varios	-11%	15%	26%	25%
IV Inversiones en empresas del grupo y asociadas a corto plazo	-100%	28%	918%	-24%
V Inversiones financieras a corto plazo	-39%	92%	29%	124%
VI Periodificaciones a corto plazo	-16%	-25%	98%	51%
VII Efectivo y otros activos líquidos equivalentes	-5%	-14%	1%	13%
Total activo (A + B)	8%	3%	7%	8%

Patrimonio neto y Pasivo	20XX	20XX-1	20XX-2	20XX-3
A) Patrimonio neto	9%	4%	12%	13%
A-1) Fondos propios	9%	4%	12%	13%
I Capital	0%	0%	0%	0%
II Prima de emisión	0%	0%	0%	0%
III Reservas	4%	12%	13%	13%
IV (Acciones y participaciones en patrimonio propias)	0%	0%	0%	0%
VII Resultado del ejercicio	84%	-49%	4%	13%
A-2) Ajustes por cambios de valor				

Patrimonio neto y Pasivo	20XX	20XX-1	20XX-2	20XX-3
A-3) Subvenciones, donaciones y legados recibidos	-36%	-39%	-34%	-27%
B) Pasivo no corriente	-20%	-10%	-14%	-21%
I Provisiones a largo plazo	1%	-10%	-44%	-29%
II Deudas a largo plazo	-34%	10%	54%	9%
IV Pasivos por impuesto diferido	-17%	-15%	-20%	-23%
C) Pasivo corriente	7%	2%	1%	4%
III Deudas a corto plazo				
V Acreedores comerciales y otras cuentas a pagar	7%	2%	1%	4%
1. Proveedores	3%	3%	2%	6%
6. Otras deudas con las Administraciones Públicas	2%	5%	3%	7%
Total patrimonio neto y pasivo (A + B + C)	**8%**	**3%**	**7%**	**8%**

6.4. Ejemplo 4

Veamos otro ejemplo de análisis del pérdidas y ganancias porcentual vertical:

⇨ **Antes del cálculo**

Cuenta de pérdidas y ganancias	20XX	20XX-1	20XX-2	20XX-3	20XX-4
1. Importe neto de la cifra de negocios	22.255.771	21.011.533	19.802.382	19.059.157	18.441.861
4. Aprovisionamientos	-16.727.033	-16.086.738	-15.028.974	-14.376.994	-13.907.913
5. Otros ingresos de explotación	67.399	60.896	21.133	18.324	17.106
6. Gastos de personal	-2.861.459	-2.731.497	-2.502.267	-2.391.368	-2.329.392
a) Sueldos, salarios y asimilados	-2.189.122	-2.091.397	-1.921.878	-1.835.294	-1.790.506
b) Cargas sociales	-672.337	-640.100	-580.389	-556.074	-538.886
7. Otros gastos de explotación	-1.540.901	-1.492.030	-1.200.568	-1.173.960	-1.216.382
a) Servicios exteriores	-1.494.301	-1.445.186	-1.159.225	-1.134.404	-1.180.574
b) Tributos	-37.120	-34.451	-32.007	-29.737	-26.828

Cuenta de pérdidas y ganancias	20XX	20XX-1	20XX-2	20XX-3	20XX-4
c) Pérdidas, deterioro y variación de provisiones por operaciones comerciales	52	-34	-18	-560	-40
d) Otros gastos de gestión corriente	-9.532	-12.359	-9.318	-9.259	-8.940
8. Amortización del inmovilizado	-425.890	-358.382	-312.977	-372.076	-330.375
9. Imputación de subvenciones de inmovilizado no financiero y otras	322	564	751	843	1.288
11. Deterioro y resultado por enajenaciones del inmovilizado	-989	-8.904	-135	1.437	-925
A1) Resultado de explotación (1 + 2 + 3 + 4 + 5 + 6 + 7 + 8 + 9 + 10 + 11 + 12 + 13)	767.220	395.442	779.345	765.363	675.268
14. Ingresos financieros	14.640	20.226	26.161	33.849	61.665
15. Gastos financieros					
18. Deterioro y resultado por enajenaciones de instrumentos financieros	-22.617	-13.604	-2.594	11.053	982
A2) Resultado financiero (14 + 15 + 16 + 17 + 18 + 19)	-7.977	6.622	23.567	44.902	62.647
A3) Resultado antes de impuestos (A1 + A2)	759.243	402.064	802.912	810.265	737.915
20. Impuestos sobre beneficios	-166.705	-79.839	-166.652	-198.920	-194.656
A5) Resultado del ejercicio (A4 + 20)	592.538	322.225	636.260	611.345	543.259

⇨ **Después del cálculo**

Cuenta de pérdidas y ganancias	20XX	20XX-1	20XX-2	20XX-3	20XX-4
1. Importe neto de la cifra de negocios	100%	100%	100%	100%	100%
4. Aprovisionamientos	-75%	-77%	-76%	-75%	-75%
5. Otros ingresos de explotación	0%	0%	0%	0%	0%
6. Gastos de personal	-13%	-13%	-13%	-13%	-13%
a) Sueldos, salarios y asimilados	-10%	-10%	-10%	-10%	-10%
b) Cargas sociales	-3%	-3%	-3%	-3%	-3%
7. Otros gastos de explotación	-7%	-7%	-6%	-6%	-7%
a) Servicios exteriores	-7%	-7%	-6%	-6%	-6%
b) Tributos	0%	0%	0%	0%	0%
c) Pérdidas, deterioro y variación de provisiones por operaciones comerciales	0%	0%	0%	0%	0%
d) Otros gastos de gestión corriente	0%	0%	0%	0%	0%
8. Amortización del inmovilizado	-2%	-2%	-2%	-2%	-2%
9. Imputación de subvenciones de inmovilizado no financiero y otras	0%	0%	0%	0%	0%
11. Deterioro y resultado por enajenaciones del inmovilizado	0%	0%	0%	0%	0%
A1) Resultado de explotación (1 + 2 + 3 + 4 + 5 + 6 + 7 + 8 + 9 + 10 + 11 + 12 + 13)	3%	2%	4%	4%	4%
14. Ingresos financieros	0%	0%	0%	0%	0%
15. Gastos financieros	0%	0%	0%	0%	0%
18. Deterioro y resultado por enajenaciones de instrumentos financieros	0%	0%	0%	0%	0%
A2) Resultado financiero (14 + 15 + 16 + 17 + 18 + 19)	0%	0%	0%	0%	0%
A3) Resultado antes de impuestos (A1 + A2)	3%	2%	4%	4%	4%
20. Impuestos sobre beneficios	-1%	0%	-1%	-1%	-1%
A5) Resultado del ejercicio (A4 + 20)	3%	2%	3%	3%	3%

6.5. Ejemplo 5

Veamos un último ejemplo de análisis de pérdidas y ganancias porcentual vertical:

⇨ **Antes del cálculo**

Cuenta de pérdidas y ganancias	20XX	20XX-1	20XX-2	20XX-3	20XX-4
1. Importe neto de la cifra de negocios	22.255.771	21.011.533	19.802.382	19.059.157	18.441.861
4. Aprovisionamientos	-16.727.033	-16.086.738	-15.028.974	-14.376.994	-13.907.913
5. Otros ingresos de explotación	67.399	60.896	21.133	18.324	17.106
6. Gastos de personal	-2.861.459	-2.731.497	-2.502.267	-2.391.368	-2.329.392
a) Sueldos, salarios y asimilados	-2.189.122	-2.091.397	-1.921.878	-1.835.294	-1.790.506
b) Cargas sociales	-672.337	-640.100	-580.389	-556.074	-538.886
7. Otros gastos de explotación	-1.540.901	-1.492.030	-1.200.568	-1.173.960	-1.216.382
a) Servicios exteriores	-1.494.301	-1.445.186	-1.159.225	-1.134.404	-1.180.574
b) Tributos	-37.120	-34.451	-32.007	-29.737	-26.828
c) Pérdidas, deterioro y variación de provisiones por operaciones comerciales	52	-34	-18	-560	-40
d) Otros gastos de gestión corriente	-9.532	-12.359	-9.318	-9.259	-8.940
8. Amortización del inmovilizado	-425.890	-358.382	-312.977	-372.076	-330.375
9. Imputación de subvenciones de inmovilizado no financiero y otras	322	564	751	843	1.288
11. Deterioro y resultado por enajenaciones del inmovilizado	-989	-8.904	-135	1.437	-925
A1) Resultado de explotación (1 + 2 + 3 + 4 + 5 + 6 + 7 + 8 + 9 + 10 + 11 + 12 + 13)	767.220	395.442	779.345	765.363	675.268
14. Ingresos financieros	14.640	20.226	26.161	33.849	61.665
15. Gastos financieros					

Cuenta de pérdidas y ganancias	20XX	20XX-1	20XX-2	20XX-3	20XX-4
18. Deterioro y resultado por enajenaciones de instrumentos financieros	-22.617	-13.604	-2.594	11.053	982
A2) Resultado financiero (14 + 15 + 16 + 17 + 18 + 19)	-7.977	6.622	23.567	44.902	62.647
A3) Resultado antes de impuestos (A1 + A2)	759.243	402.064	802.912	810.265	737.915
20. Impuestos sobre beneficios	-166.705	-79.839	-166.652	-198.920	-194.656
A5) Resultado del ejercicio (A4 + 20)	592.538	322.225	636.260	611.345	543.259

⇨ **Después del cálculo**

Cuenta de pérdidas y ganancias	20XX	20XX-1	20XX-2	20XX-3
1. Importe neto de la cifra de negocios	6%	6%	4%	3%
4. Aprovisionamientos	4%	7%	5%	3%
5. Otros ingresos de explotación	11%	188%	15%	7%
6. Gastos de personal	5%	9%	5%	3%
a) Sueldos, salarios y asimilados	5%	9%	5%	3%
b) Cargas sociales	5%	10%	4%	3%
7. Otros gastos de explotación	3%	24%	2%	-3%
a) Servicios exteriores	3%	25%	2%	-4%
b) Tributos	8%	8%	8%	11%
c) Pérdidas, deterioro y variación de provisiones por operaciones comerciales	-253%	89%	-97%	1300%
d) Otros gastos de gestión corriente	-23%	33%	1%	4%
8. Amortización del inmovilizado	19%	15%	-16%	13%
9. Imputación de subvenciones de inmovilizado no financiero y otras	-43%	-25%	-11%	-35%
11. Deterioro y resultado por enajenaciones del inmovilizado	-89%	6496%	-109%	-255%
A1) Resultado de explotación (1 + 2 + 3 + 4 + 5 + 6 + 7 + 8 + 9 + 10 + 11 + 12 + 13)	94%	-49%	2%	13%
14. Ingresos financieros	-28%	-23%	-23%	-45%

Cuenta de pérdidas y ganancias	20XX	20XX-1	20XX-2	20XX-3
15. Gastos financieros				
18. Deterioro y resultado por enajenaciones de instrumentos financieros	66%	424%	-123%	1026%
A2) Resultado financiero (14 + 15 + 16 + 17 + 18 + 19)	-220%	-72%	-48%	-28%
A3) Resultado antes de impuestos (A1 + A2)	89%	-50%	-1%	10%
20. Impuestos sobre beneficios	109%	-52%	-16%	2%
A5) Resultado del ejercicio (A4 + 20)	84%	-49%	4%	13%

7. Fondo de maniobra

7.1. Concepto

 El fondo de maniobra, capital circulante o capital de trabajo equivale al importe global de los recursos financieros que cualquier empresa necesita para el desarrollo normal de sus operaciones corrientes.

Activo no corriente		Neto + pasivo corriente (neto + exigible largo plazo)	
Activo corriente	Fondo de maniobra		
		Pasivo corriente (exigible corto plazo)	
FM = Activo Corriente – Pasivo Corriente			

Analizar el balance de situación exige observar y analizar su fondo de maniobra. Esta es la diferencia entre el activo corriente y el pasivo corriente, o bien, la diferencia entre capitales permanentes y las inversiones permanentes.

7.2. Utilidad

Su importancia radica en que actúa como un indicador de la solvencia de la empresa, de su observación podremos determinar la capacidad de pago de las deudas a corto plazo, si dispone de tesorería necesaria, la cantidad de fondos retenidos en concepto de existencias, si el valor de estas últimas es suficiente o no para el pago a los acreedores a corto plazo, etc.

Si la empresa presenta un fondo de maniobra positivo nos indicará que, a priori, podrá hacer frente al pago de sus deudas, que tiene salud financiera. Aunque el análisis exigirá determinar las partidas que lo componen para determinar si esa solvencia se ve reflejada en liquidez.

Recordemos primero las masas patrimoniales en las que se divide el balance:

Activo	Patrimonio neto
	Pasivo

El **capital de trabajo** sería la parte del activo corriente o circulante que la empresa tendría todavía a su disposición en la hipótesis de que hubiese de satisfacer en un momento determinado todas las deudas expresadas en el pasivo a corto plazo o pasivo corriente.

Desde el punto de vista del **largo plazo**, también podemos definir el fondo de maniobra como:

FM = (Patrimonio neto + Pasivo no corriente) – Activo no corriente

Siendo lo mismo la diferencia entre los recursos permanentes y el activo a largo plazo.

El **fondo de maniobra** representa la parte de **recursos a largo plazo** (patrimonio neto y pasivo no corriente) que financian activos de corto plazo, corrientes o circulantes. En este caso, se determinará la porción de los recursos financieros a largo plazo (aportaciones accionistas, beneficios no distribuidos, deudas contraídas con terceros como deuda bancaria, etc.), se dedicará a financiar determinadas partidas del activo corriente (existencias, clientes, etc.).

Con carácter general, los **recursos permanentes** se destinan a financiar los activos fijos o no corrientes. Si estos recursos permanentes o a largo plazo son mayores que los activos financiados, el excedente se utilizará para financiar activos corrientes o a corto plazo. La ventaja es que dichos fondos se convertirán en dinero, por ejemplo, por venta de mercaderías y su cobro, antes de que deban ser devueltos.

En principio, el fondo de maniobra ha de ser positivo para poder hacer frente a las necesidades de financiación a corto plazo.

La empresa Aspaceoftrance, SL presenta el siguiente Balance referido a los años 20XX y 20XX-1:

Activo	20XX	20XX-1	PN Y PASIVO	20XX	20XX-1
Inmovilizado neto	115.000,00	109.250,00	Capital	40.250,00	40.250,00
Existencias	40.250,00	31.050,00	Reservas	13.800,00	17.250,00
Clientes	80.500,00	66.700,00	Beneficios	5.750,00	-3.450,00
Tesorería	5.750,00	17.250,00	Deudas a largo plazo	89.700,00	63.250,00
			Deudas a corto plazo	92.000,00	106.950,00
Total activo	241.500,00	224.250,00	Total pn y pasivo	241.500,00	224.250,00

Calculamos el Fondo de Maniobra, para ellos reclasificamos las diferentes partidas que aparecen en el Balance:

	20XX	20XX-1	
Activo no corriente	115.000,00	109.250,00	Correspondería al inmovilizado neto AC - PC
Activo corriente	126.500,00	115.000,00	Existencias + Clientes + Tesorería
Patrimonio neto	59.800,00	54.050,00	Capital + Reservas + Beneficios
Pasivo no corriente	89.700,00	63.250,00	Deudas a largo plazo
Pasivo corriente	92.000,00	106.950,00	Deudas a corto plazo
Fondo de maniobra	34.500,00	8.050,00	(PN + PNC) - ANC ó

157

7.3. Fondo de maniobra aparente y necesario

⇨ **Fondo de maniobra aparente**

El fondo de maniobra aparente es el que tiene la empresa en un momento dado. Este fondo de maniobra es el que se ha expuesto en el epígrafe anterior, y se determina conforme a los datos que suministra el balance. Se trata de un dato histórico y, por tanto, inamovible.

⇨ **Fondo de maniobra necesario**

El fondo de maniobra necesario es el que realmente necesita la empresa para atender a sus pagos. Este fondo de maniobra se determina a partir de los datos que nos suministra el presupuesto de tesorería.

El presupuesto de tesorería comprende la previsión de cobros y pagos para los doce meses siguientes, con lo que nos permite prever posibles déficits/excesos de tesorería y, a la vista de estos, tomar las decisiones oportunas.

Así, si el resultado del presupuesto de tesorería es positivo la empresa tendrá sobrante (exceso de tesorería) que podrá utilizar para realizar inversiones. Por el contrario, si el resultado es negativo la empresa tendrá déficit de tesorería para atender a sus pagos, con lo que podrá conocer sus necesidades de financiación y, en base a estas, adoptar las correspondientes decisiones.

 La empresa OMEGA, S. L. ha elaborado el siguiente presupuesto de tesorería en base a sus previsiones de cobros y pagos (para abreviar se establece un horizonte temporal de 3 meses):

Presupuesto de tesorería			
	Enero	Febrero	Marzo
A. Saldo inicio	1.000	1.300	-1.000
B. Cobros			
Ventas al contado	1.100	1.000	2.200
Ventas a crédito	2.200	1.100	3.000
Total cobros	3.300	2.100	5.200
C. pagos			
Proveedores	700	1.900	800
Acreedores	400	500	450
Personal	1.200	1.300	1.200
Préstamos	700	700	700
Total pagos	3.000	4.400	3.150
Saldo (A+B+C)	1.300	-1.000	1.050

.../...

.../...

A la vista de los datos que nos suministra el presupuesto de tesorería podemos prever que la empresa tendrá exceso de tesorería al finalizar los meses de enero y marzo, y déficit en el mes de febrero. Por lo que se deberán adoptar las decisiones pertinentes, por ejemplo, acudir a la financiación ajena y acortar los plazos de cobro a los clientes, a fin de cubrir el citado déficit y además contar con una cantidad adicional (realizable, disponible o existencias) para hacer frente a posibles eventualidades que impidieran hacer frente a los correspondientes pagos. Por ejemplo, si nos limitamos a cubrir el déficit de 1.000 pero un cliente que debía pagar 300 en febrero, no paga, no contaremos con los suficientes flujos positivos de caja para hacer frente a nuestras deudas.

7.4. Equilibrio financiero y fondo de maniobra

7.4.1. Condiciones para que exista equilibrio financiero

Para que exista equilibrio financiero la empresa debe ser solvente, la liquidez que generan las distintas masas del activo debe ser suficiente para atender los pagos que originan las distintas masas del pasivo. Es decir, la empresa, para hacer frente a la devolución de las deudas que vencen a corto plazo, debe contar con activos que se puedan convertir rápidamente en dinero. El importe de dichos activos deberá ser superior al importe de los pasivos correspondientes, a fin de disponer de un margen de seguridad para hacer frente a posibles dificultades (venta de existencias, cobro de deudas, liquidación de inversiones, etc.).

Para que exista equilibrio financiero es necesario que concurran tres condiciones:

⇨ **El activo fijo debe estar financiado por los capitales permanentes**

O lo que es lo mismo, que el activo no corriente debe ser menor que los recursos permanentes.

Esta condición es necesaria a fin de que la empresa no tenga que desprenderse de activo no corriente para atender a sus deudas a corto plazo, lo que podría poner en peligro el desarrollo de su actividad. Por ejemplo, si para pagar a un proveedor tenemos que vender maquinaria.

⇨ **Los capitales permanentes deben financiar también el stock de seguridad**

O lo que es lo mismo, los capitales permanentes deben ser superiores al stock de seguridad más el activo fijo.

El stock de seguridad son las existencias mínimas para que la empresa no vea interrumpido su proceso productivo. El motivo de esta segunda condición es similar al de la primera, la empresa no puede ver interrumpido su proceso productivo como consecuencia de la necesidad de hacer frente a sus pagos.

Si la empresa para pagar a un acreedor debe vender parte de sus existencias, puede poner en peligro su proceso productivo y tener problemas para abastecer a sus clientes, con las graves consecuencias que ello conlleva.

⇨ **El pasivo corriente debe financiar al realizable más el disponible**

O lo que es lo mismo, el pasivo corriente debe ser superior a la suma del realizable más el disponible.

La razón de ser de esta tercera condición se debe, principalmente, al menor coste financiero que generan las deudas a largo plazo. Resulta poco adecuado recurrir a la financiación a largo plazo, con la carga financiera que ello supone, para tener el dinero en cuentas bancarias o financiar a nuestros clientes.

7.4.2. Escenarios posibles para el fondo de maniobra

A) Situación de máxima estabilidad

La situación de máxima estabilidad se produce cuando todo el activo está financiado con el patrimonio neto y, por tanto, la empresa no tiene deudas.

En esta posición la empresa no tiene deudas y no sufre el riesgo de no poder, en un momento dado, hacer frente al pago de sus obligaciones ya que todas sus fuentes de financiación son no exigibles. Es una situación poco corriente, puede darse al principio de la actividad, pero no por mucho tiempo.

Es una situación de apalancamiento financiero positivo, ya que la rentabilidad que se obtiene de los activos de la empresa es superior al coste financiero de los pasivos utilizados para financiar los activos (no hay pasivos).

B) Situación recomendable

La situación recomendable se produce cuando el fondo de maniobra es positivo y, por tanto, una parte del activo corriente está financiada con capitales permanentes.

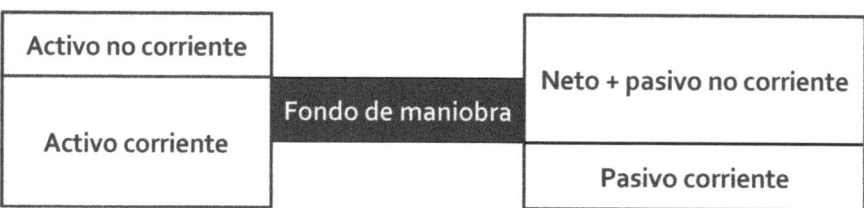

El activo está financiado en parte por recursos propios y en parte por recursos ajenos. La empresa es solvente, ya que su activo cubre suficientemente el valor de sus deudas con terceros (pasivo). Es la posición deseable y más común.

El grado de mayor o menor estabilidad en esta posición vendrá marcado por las distintas proporciones existentes entre el pasivo y el neto (a mayor neto, y por tanto menor pasivo, mayor estabilidad).

C) Situación de propensión al desequilibrio

La propensión al desequilibrio se produce cuando el fondo de maniobra no existe.

Activo no corriente	Neto + pasivo no corriente
Activo corriente	Pasivo corriente

Si la empresa tardara más de lo previsto en realizar sus activos corrientes (a corto plazo), no podría atender sus deudas a corto plazo.

D) Situación de desequilibrio

La situación de desequilibrio se produce cuando el fondo de maniobra es negativo.

Activo no corriente	Neto + pasivo no corriente
Fondo de maniobra	
Activo corriente	Pasivo corriente

La empresa no tiene recursos suficientes a largo plazo para financiar su activo no corriente o a largo plazo. El fondo de maniobra es negativo. Parte del activo no corriente se financia con pasivo corriente. Se pueden presentar problemas de liquidez.

161

Esta situación, en determinadas circunstancias, puede ser negativa para la empresa ya que no existe acomodación entre los plazos de vencimiento de los activos y pasivos, dado que tendrá que hacer frente al pago de deudas que vencen en el corto plazo y, sin embargo, los activos con ellas financiadas no se convertirán en liquidez hasta pasado un plazo mayor.

No necesariamente una empresa con esta estructura de balance (fondo de maniobra negativo) tendrá tensiones de liquidez. En determinados sectores como grandes superficies e hipermercados, aunque los capitales permanentes (recursos a largo plazo) suelen ser inferiores a los activos no corrientes, el plazo de cobro de las ventas suele ser muy inferior al plazo de pago a proveedores.

E)   Situación de insolvencia total o quiebra

Cuando las deudas contraídas con terceros son mayores que los activos de la empresa y, por tanto, el patrimonio neto es negativo, nos encontramos ante una situación de insolvencia total o quiebra.

Activo no corriente	**Pasivo no corriente**
Activo corriente	
Patrimonio neto < o (pérdidas)	**Patrimonio corriente**

La empresa no posee activos corrientes suficientes para hacer frente a los pasivos corrientes.

El fondo de maniobra es negativo. No existe acomodación entre los vencimientos de los activos y los pasivos. Se presentan problemas de liquidez. No existen bienes suficientes para atender las deudas. Ni siquiera vendiendo la totalidad de los activos, corrientes y no corrientes, la empresa podría liquidar todas sus deudas. Además, las pérdidas han acabado con los capitales propios (aportaciones, reservas...).

Cuanto más rápida sea la capacidad de la empresa de convertir los activos circulantes en fondos líquidos, menor será el fondo de maniobra necesario, es decir, se requerirá disponer de un menor volumen de fondos permanentes financiando el ciclo de explotación.

Solvencia será la capacidad financiera (capacidad de pago) de la empresa para cumplir sus obligaciones de vencimiento, independientemente del plazo de devolución de la deuda y los recursos con los que cuenta para hacer frente a sus obligaciones.

No debe confundirse el concepto liquidez con el de solvencia, ya que el primero busca poder atender los pagos a corto plazo mientras que el segundo busca disponer de recursos líquidos o no para liquidar las deudas a corto y a largo plazo.

8. Ratios financieros

8.1. Introducción

El análisis financiero consiste en el estudio de las relaciones existentes entre cada uno de los elementos que conforman el activo del balance o estructura económica con los elementos de la estructura financiera o pasivo y patrimonio neto del balance.

Este análisis nos informa sobre la capacidad de la empresa para hacer frente a sus compromisos a corto y largo plazo, así como de la estructura de sus fuentes de financiación.

El análisis financiero trata sobre la liquidez, solvencia y garantía que presenta la empresa; es decir, sobre sus posibilidades de hacer frente a la devolución de los fondos y deudas.

El análisis financiero de una empresa puede ser histórico, analizando la evolución de sus principales magnitudes y ratios a lo largo del tiempo, o comparativo con empresas del sector.

La herramienta que vamos a utilizar para este análisis son los ratios financieros. Estos relacionan entre sí dos datos financieros, permitiendo la comparación con los ratios de otras empresas o con la misma empresa en diferentes circunstancias. Podemos clasificar los ratios en cuatro grupos:

1. Ratios de rentabilidad.

2. Ratios de tesorería.

3. Ratios de estructura financiera.

4. Ratios operativos.

8.2. Ratios de tesorería o liquidez

8.2.1. Consideraciones previas

Una situación ideal, en términos de tesorería, se daría cuando la empresa cobrara a sus clientes previamente al momento que pagara a sus proveedores y trabajadores.

Sin embargo, esta situación se produce, en la mayoría de las empresas, totalmente a la inversa. Las empresas deben pagar a sus trabajadores mensualmente, cotizar a la Seguridad Social a un mes vencido, pagar los suministros, la factura del alquiler, etc. Además, en muchas ocasiones, deberá pagar de forma anticipada a sus propios proveedores, incluso antes de haber recibido el material.

Por lo tanto, en la mayoría de las empresas el plazo de pago a proveedores y a acreedores es inferior al plazo de cobro a los clientes. Si a este hecho, le añadimos que los clientes, según el poder de negociación que tengan, pueden exigir a la empresa que atienda los pedidos con unas determinadas condiciones de tiempo de entrega y de pago, el estado de la tesorería de la empresa se ve agravado.

Debemos tener en cuenta que la tesorería de la empresa también se ve afectada por la financiación ajena que mantiene con terceros, tanto a corto como a largo plazo. Es por ello que las empresas deben calcular y asegurarse de disponer de los medios necesarios y suficientes para hacer frente al pago de las deudas, que tienen el vencimiento más inmediato.

⇨ **Determinar la capacidad de pago de la empresa**

Si lo que deseamos es determinar la capacidad de pago a largo plazo, debemos analizar la estructura financiera que trataremos con el estudio de los siguientes ratios:

- Ratio de solvencia.

- Ratio de tesorería.

- Ratio de disponibilidad.

Tanto el **ratio de solvencia** como el de **tesorería** ponen de manifiesto la capacidad de la empresa para atender el pago de sus deudas y, a priori, podrían confundirse, sin embargo, la información que aportan es significativamente distinta.

El **ratio de solvencia** compara el activo de la empresa con su pasivo. Mide la solvencia, en términos generales, sin atender al vencimiento de sus deudas, ni a la capacidad de sus bienes de convertirse en líquido a corto plazo.

Una empresa constructora que tenga varios edificios en venta, con varios contratos de arras firmados con los futuros clientes, puede ser considerada solvente, si con el importe que obtendrá de la venta futura de todos los pisos, podrá liquidar la totalidad de sus deudas. Sin embargo, esto no significa que la empresa disponga de dinero en el banco para atender el pago de las nóminas de sus trabajadores o los vencimientos mensuales del préstamo hipotecario de cada uno de los inmuebles.

El **ratio de tesorería**, sin embargo, solo atiende a las deudas a corto plazo y compara su importe con los recursos que la empresa tiene líquidos o los puede convertir en líquido de forma más o menos rápida. Mide lo que podríamos considerar su solvencia más inmediata.

8.2.2. Ratio de solvencia o garantía

El ratio de solvencia, como indicábamos, mide la capacidad de la empresa para hacer frente al pago de todas sus deudas y obligaciones. Es decir, si la empresa tiene bienes y derechos con los que poder cancelar todas sus deudas y obligaciones. En su determinación no tendremos en cuenta el valor del patrimonio neto. Por este motivo, relaciona el activo con el pasivo con la siguiente fórmula:

Ratio de solvencia = Activo total / Exigible total

El ratio debería ser superior a 1, o en términos de porcentajes, sobre 100%.

¿Qué significa exactamente que tengamos un valor de 1? Que tenemos el mismo valor de activo que de pasivo.

Pero debemos entrar en más análisis, en el activo tendremos en cuenta el inmovilizado, tanto material, intangible, como financiero. Podría darse la circunstancia que al vender el inmovilizado financiero, la empresa vendiera los valores por valor inferior al que consta en contabilidad; del mismo modo, hemos considerado el inmovilizado material e intangible con el valor neto que consta en contabilidad, pero en el momento de venderlo, podría pasar que el mercado no esté dispuesto a adquirirlo por ese mismo valor. Si nos vamos a analizar el activo corriente veremos que tenemos unos saldos de clientes, que podrían declararse en suspensión de pago, y aplicarnos una quita en el saldo pendiente. Es decir, aunque el valor de 1 es aceptado, no garantiza, realmente, que la empresa pueda cancelar la totalidad de las deudas.

Si el ratio de solvencia es de 2, significa que la empresa dispone en su activo de 2 euros por cada euro que tiene de deuda.

165

Por este motivo, a este ratio se le conoce también como ratio de garantía de cobro que ofrece a sus proveedores. Si en este caso, se le pide que su valor esté entre 1, 5 y 2.

Para mejorar este ratio, la empresa debería tomar ciertas medidas, debería realizar una ampliación de capital; incrementar los beneficios; capitalizar la deuda e incorporar a sus acreedores como socios. En caso de que el ratio sea muy elevado podría proceder a distribuir sus reservas en forma de dividendos a los socios; reducir su capital social; adquirir bienes a crédito.

La empresa Taxis Isgota, S. L. tiene intención de ampliar sus instalaciones y para ello necesitan un préstamo bancario. Se pide calcular e interpretar su ratio de solvencia a partir de los siguientes datos:

Total Activo: 71.000

Total Pasivo: 51.000

Ratio de solvencia = Activo / Pasivo = 71.000 / 51.000 = 1,39

Dado que el valor óptimo de este ratio está en torno al 1,50, un resultado de 1,39 indica que existe un exceso de deuda. Para equilibrar la proporción entre el activo y las deudas habría que aumentar los fondos propios de la entidad, por ejemplo, con aportaciones de los socios o manteniendo los próximos beneficios sin distribuir.

La empresa Life, S. L. se dedica a la venta de maquinaria industrial. Tiene 375.000 euros en un plazo fijo bancario por el que apenas recibe rentabilidad y se está planteando proponer en la junta general de accionistas una distribución de dividendos.

Se pide calcular el ratio de solvencia de la entidad y determinar la conveniencia o no de distribuir dividendos teniendo en cuenta los siguientes datos:

Total Activo: 750.000

Total Pasivo: 275.000

Ratio de solvencia = Activo / Pasivo = 750.000 / 275.000 = 2,73

El ratio de solvencia que presenta la entidad está muy por encima del recomendado (1,50) por lo tanto no hay ningún problema en distribuir dividendos entre los socios.

.../...

.../...

El importe máximo a repartir sin poner en riesgo la solvencia sería de unos 350.000 euros. Si se repartiera esta cantidad los datos serían:

Total Pasivo: 275.000 x 1.5 = 412.500

Total Activo: 750.000 – 412.500 = 337.500

Ratio de solvencia = Activo / Pasivo = 412.500 / 275.000 = 1,50

8.2.3. Ratio de tesorería

Este ratio también mide la capacidad de pago, pero limitando su cálculo a los valores corrientes del balance. La fórmula de cálculo del ratio de tesorería es:

Ratio de tesorería = Disponible (líquido) + Realizable (bienes y derechos convertibles a corto plazo) / Pasivo corriente

El valor óptimo es entre 0,8 y 1, lo que significa que el importe total del disponible más el realizable debe ser similar al importe de las deudas a corto plazo.

La empresa X desea adquirir participaciones en una empresa, pero quiere comprobar que no dañe su solvencia inmediata.

Se pide calcular e interpretar su ratio de tesorería a partir de los siguientes datos:

Inmovilizado intangible	2.050,00	Capital social	18.000,00
Inmovilizado material	5.100,00	Reservas	8.000,00
Existencias	12.500,00	Deudas a largo plazo	18.000,00
Clientes	13.500,00	Deudas a corto plazo	32.513,00
Inversiones financieras a corto plazo	17.500,00		
Tesorería	25.863,00		
Total Activo	76.513,00	Total Patrimonio neto y pasivo	76.513,00

Ratio de tesorería	1,7489312

A partir de los siguientes datos calcular el ratio de tesorería:

Activo no corriente	13.500,00	Patrimonio neto	4.000,00
Activo corriente	6.500,00	Pasivo no corriente	6.000,00
		Pasivo corriente	10.000,00
Total Activo	20.000,00	Total PN + Pasivo	20.000,00

Ratio de tesorería	0,65

Con la salvedad de que este ratio no tiene en cuenta el inmovilizado, podríamos aplicar la misma reflexión que la realizada en el apartado de solvencia.

1. Si el ratio de tesorería es igual a 2,70 quiere decir que la entidad cuenta con 2,70 euros entre dinero y bienes de rápida liquidez por cada euro que tiene de deuda a corto plazo.

2. Si el ratio es inferior a 1,00 indica que el nivel de solvencia a corto plazo de la empresa no es suficiente.

3. Si el ratio es mayor de 1,00 pone de manifiesto la posible existencia de activos improductivos u ociosos.

Aunque también debe atenderse al negocio, al sector, a la coyuntura social, a la tipología de clientes, a la dependencia de la empresa respecto determinados clientes, ya que un ratio igual a 1, que parece optimo, será deficiente si la empresa presenta morosidad en sus cobros o tiene dificultad en vender las existencias a corto plazo.

Tesorería en días de compra = (Caja/Compras anuales) x 360 días

La empresa presenta los siguientes datos:

Tesorería	275.000,00
Pasivo corriente	950.000,00
Volumen de compras	8.500.000,00

Calculamos los coeficientes:

Coeficiente de tesorería	29%
Tesorería en días de compra	11,65 días

8.2.4. Ratio de disponibilidad

Hemos visto que el ratio de solvencia presentaba la capacidad de la empresa para atender sus pagos de forma muy general; el ratio de tesorería acota su cálculo al corto plazo, sin embargo, presenta la dificultad que, si la empresa no consigue vender las existencias en el tiempo previsto, tendrá dificultad para atender sus pagos a corto plazo.

El ratio que nos ocupa en este epígrafe indica la liquidez inmediata de la empresa, por lo tanto, su valor es aún inferior al de los ratios anteriores y debe oscilar alrededor de 0,3. Si es muy superior al 0,3, podría evidenciar la existencia de recursos ociosos.

Si es inferior al 0,3, la empresa puede presentar problemas para atender a sus deudas.

Índice de disponibilidad = Disponible/Exigible a corto plazo

8.2.5. Ratio de liquidez

Este ratio refleja la cantidad de dinero accesible del que dispone la empresa. Compara la parte de activo corriente que está financiada con recursos a corto plazo. Analiza la capacidad de la empresa para hacer frente a sus pagos a corto plazo.

El valor ideal de este ratio se sitúa entre 1,5 (cuando la mayor parte del activo corriente se corresponda con el saldo disponible) y 2 (puede evidenciar la existencia de activos corrientes mal invertidos o también se puede dar cuando la mayor parte del activo corriente se corresponda con existencias).

Si es inferior al 0,3, la empresa puede presentar problemas para atender a sus deudas.

Si es menor de 1,5 la empresa puede tener problemas de liquidez.

Se puede mejorar negociando con nuestros proveedores o clientes para modificar periodos de pago, así como aumentando ventas.

8.2.6. *Acid test* o liquidez inmediata

Veamos la fórmula:

Ratio de liquidez a corto plazo (*Acid test* o Coeficiente ácido) =
(Realizable + Disponible) / Pasivo corriente

Su valor debe ser de 1 aproximadamente. Si el valor baja de 1, la empresa podría tener problemas, al no tener los activos líquidos suficientes para atender los pagos.

Si el valor es muy superior a 1, indica que probablemente se tenga un exceso de activos líquidos y, en consecuencia, está perdiendo rentabilidad de estos activos.

Insistimos en que un ratio de liquidez igual a 1 no es sinónimo a que la empresa pueda atender sin problemas el pasivo corriente.

La posible morosidad por parte de los clientes y las dificultades de vender todas las existencias a corto plazo aconsejan que el activo corriente sea superior al pasivo corriente con un margen suficiente desde una perspectiva conservadora.

8.2.7. Ratio de liquidez operativa

Analizar la tesorería desde el punto de vista de las ventas y el impacto en la primera de una variación de la segunda, se puede realizar a partir del ratio de liquidez operativa.

Su fórmula es:

Cash-flow operativo / Ventas

Este ratio nos indica el efectivo que genera la compañía por cada euro vendido.

8.2.8. Ratio de cobertura de intereses

Este ratio determina la capacidad de la empresa para atender sus pagos desde otro punto de vista.

Su fórmula es:

Ratio de cobertura de intereses = Beneficio antes de intereses e impuestos / Gastos financieros

Cuanto mayor sea el valor, mayor será la capacidad que tendrá la empresa para poder hacer frente a los intereses de la deuda y atender el pago de los préstamos.

8.2.9. Otros ratios de liquidez a largo plazo

Liquidez a largo plazo	Garantía o distancia de la quiebra	Activo total / Pasivo
	Cobertura	Patrimonio neto + PNC / Activo no corriente
	Autofinanciación	Patrimonio neto / Activo total

Con los siguientes datos de un balance, agrupados para el cálculo de ratios, calcularemos los ratios de liquidez:

BALANCE	20XX
ACTIVO NO CORRIENTE	7.880,00
ACTIVO CORRIENTE	5.900,00
Existencias	1.100,00
Realizable	900,00
Disponible	3.900,00
PATRIMONIO NETO	10.150,00
PASIVO NO CORRIENTE	880,00
PASIVO CORRIENTE	2.750,00

ENDEUDAMIENTO	ENDEUDAMIENTO	Pasivo exigible (PC+PNC)/ PN + Pasivo exigible	0,263425
LIQUIDEZ A LARGO PLAZO	GARANTÍA O DISTANCIA DE LA QUIEBRA	Activo total/ Pasivo	3,796143
	CALIDAD DE LA DEUDA	Pasivo Corriente / Pasivo total	0,757576
	AUTONOMÍA FINANCIERA	Patrimonio Neto/ Pasivo exigible (PNC+PC)	2,796143
	GARANTÍA O DISTANCIA DE LA QUIEBRA	Activo total/ Pasivo	3,796143
	COBERTURA	Patrimonio Neto + PNC/Activo No Corriente	1,399746
	AUTOFINANCIACIÓN	Patrimonio Neto / Activo total	0,736575

.../...

171

 .../...

Los ratios de liquidez a corto plazo:

CATEGORÍA	RATIO	MAGNITUDES RELACIONADAS	RATIO
LIQUIDEZ A CORTO PLAZO	LIQUIDEZ A CORTO PLAZO	Activo Corriente / Pasivo Corriente	2,15
	LIQUIDEZ INMEDIATA (prueba del ácido)	(Activo Corriente - Existencias) / Pasivo Corriente	1,75
	DISPONIBILIDAD INMEDIATA O TESORERÍA	Tesorería + Ifinancieras Temporal / Pasivo Corriente	1,42

El ratio de liquidez a corto plazo es superior a 2, hay un ligero exceso de activo corrientes.

El ratio de liquidez inmediata es superior a 1, hay exceso de activos líquidos.

El ratio de disponibilidad o tesorería confirma la valoración de los anteriores ratios, hay un exceso de activos líquidos, que se debe a exceso de tesorería. Existen recursos ociosos.

8.3. Ratios de estructura financiera

8.3.1. Consideraciones previas

Para analizar el nivel de endeudamiento de la empresa, habrá que considerar:

a) Que la empresa debe ser capaz de generar los recursos líquidos suficientes para atender el pago de capital e intereses.

b) Cuanto mayor sea el grado de dispersión de la deuda, más fácil resultará la renovación de los créditos.

c) El endeudamiento solo interesa en la medida en que el coste del endeudamiento sea inferior al rendimiento de la inversión que financia.

d) Si la empresa depende para su financiación más de sus acreedores que de sus propietarios, cada vez le resultará más difícil acudir a la financiación ajena.

Estos ratios tratan de determinar la **capacidad de pago de la empresa a largo plazo,** y lo realizan midiendo la estructura porcentual del activo y del pasivo. Además, nos permitirán visualizar el peso de los recursos permanentes en la estructura de financiación, y la relación entre las fuentes de financiación a medio y largo plazo respecto las fuentes de corto plazo (endeudamiento de corto plazo).

Tenemos tres ratios fundamentales:

1.   Ratio de endeudamiento.

2.   Ratio de coste de la deuda.

3.   Ratio de coste de la financiación.

8.3.2.   Ratios de endeudamiento y autonomía financiera (análisis estático de la solvencia)

El endeudamiento de la empresa se puede analizar desde diversos puntos de vista.

Por un lado, tenemos el **ratio de autonomía financiera** que determina la proporción del patrimonio neto respecto el pasivo:

Autonomía financiera = Patrimonio neto / Pasivo exigible total

El valor óptimo para este ratio oscila entre 0,6 y 1,5, es decir que del total del pasivo el patrimonio neto represente entre el 37,5% y el 60%.

Continuaríamos con el **ratio de endeudamiento** que muestra la proporción que suponen los recursos ajenos respecto el total de la deuda, sea financiación interna o externa.

Se obtiene con la siguiente fórmula:

Ratio de endeudamiento = Recursos ajenos / (Patrimonio neto + Pasivo total) (%)

Los valores esperados para este ratio son entre 0,4 y el 0,6. Por encima de ese valor significa que existe mucho recurso ajeno y se generará mayor gasto. Por debajo de este valor no supone un problema.

Con los **ratios de deuda o de autonomía financiera** se buscará medir la importancia de los fondos propios de la empresa en relación a los fondos externos.

Cuando su valor es elevado, se estima que la empresa dispone de capacidad de pedir prestado y será bien apreciada por las instituciones financieras.

Por supuesto, siempre, en un análisis con ratios deberemos conocer el negocio de la empresa, deberemos comparar con los ratios que presentan las empresas de su mismo sector, ya que en algunos sectores que presentan grandes inversiones en capital, estaría justificado un valor muy por encima de estos límites.

En este bloque de ratios podemos analizar también el peso de las deudas a largo plazo sobre el total de financiación, ajena o propia, que dispone la empresa con la siguiente fórmula:

Peso de los recursos permanentes = (Pasivo no corriente + Patrimonio neto) / (Patrimonio neto + Pasivo total)

Debe ser lo suficientemente elevado, de acuerdo con el activo no corriente y el fondo de maniobra que se precisen.

8.3.3. Ratio de coste de la deuda

El **ratio de coste de la deuda** compara los gastos de la deuda con el volumen de deuda con coste, siendo su fórmula:

Ratio del coste de la deuda = Gastos financieros / Deuda con coste

 Este ratio se comparará con el coste medio del dinero durante el periodo a comprobar.

8.3.4. Ratio de coste medio de financiación

El **ratio de coste medio de financiación** compara los gastos financieros (retribución de los fondos ajenos) y los dividendos (retribución de los fondos propios) con el patrimonio neto más el pasivo. Su fórmula es:

Ratio del coste medio de la financiación = (Gastos financieros + Dividendos) / (Patrimonio Neto + Pasivo con coste).

8.3.5. Ratio de calidad de la deuda

Una vez que hemos determinado el grado de endeudamiento de la empresa es necesario determinar la calidad de esa deuda, es decir, medir la proporción de deuda a corto plazo en relación a la deuda total de la empresa.

La fórmula de cálculo es la siguiente:

Ratio calidad de la deuda = Exigible a corto plazo / Total deuda

Cuando el resultado es 1 indica que la totalidad de la deuda es a corto plazo.

Cuanto menor sea su valor, más calidad de deuda tendremos. Normalmente es preferible la deuda a largo plazo que a corto ya que permite a la empresa tener más estabilidad financiera, aunque represente un mayor coste.

A partir de los siguientes datos calculamos los coeficientes de liquidez, solvencia y endeudamiento:

Activo corriente	5.000,00
Pasivo corriente	1.000,00
Fondos propios	20.000,00
Recursos ajenos	15.000,00

Coeficiente de liquidez	5 veces
Coeficiente de solvencia	1,33 veces
Coeficiente de endeudamiento	42,86%

Una empresa presenta los siguientes datos:

- Patrimonio neto: 10.000

- Pasivo corriente: 12.000

- Pasivo no corriente: 6.000

- Activo: 28.000

Sus ratios serían los siguientes:

- Ratio de endeudamiento = 18.000/ 28.000 = 0,64

- Ratio de garantía = 28.000 / 18.000 = 1,55

- Ratio de calidad de la deuda = 12.000 / 18.000 = 0,66

A partir de los valores obtenidos podemos extraer las siguientes conclusiones: el ratio de endeudamiento que presenta la empresa evidencia que en el futuro podría tener problemas para acceder a la financiación ajena. Estos problemas podrían verse atenuados atendido su ratio de garantía. En cualquier caso, no resulta aconsejable que la empresa incremente su endeudamiento. Por otro lado, dada la calidad de la deuda, la empresa podría tratar de renegociar a largo plazo parte de su deuda, a fin de disminuir el riesgo.

175

8.4. Ratios operativos

8.4.1. Ratio de productividad

Los ratios operativos ofrecen información sobre la eficiencia de la operativa de la empresa.

El **ratio de productividad** evalúa la productividad del personal asalariado. Un aumento en su valor manifestará una mayor contribución de los trabajadores en la consecución de los objetivos y resultados de la empresa y, por tanto, en la situación económico-financiera de la sociedad.

Vendrá marcado por la siguiente fórmula:

(Importe neto de la cifra de negocios + Trabajos realizados por la empresa para su activo + Variación de existencias + Otros ingresos de explotación – Aprovisionamientos – Otros gastos de explotación) / Gastos de personal

8.4.2. Rotación de activos

Sabemos que las empresas deben realizar inversiones para poder realizar su actividad. Será muy importante determinar el ritmo de recuperación de estas inversiones a través de los ingresos de explotación.

El ratio que proponemos en este epígrafe mide el número de veces que, durante el periodo, la empresa recupera el valor de sus inversiones.

Un incremento en su valor es indicativo de un aumento en el nivel de actividad de la empresa y, por tanto, será positivo, visto tanto desde un punto de vista económico como financiero.

La fórmula de cálculo sería:

Ventas / Activo total neto medio

Una empresa presenta unas ventas en el ejercicio de 125.000 euros. El activo medio de la compañía en el mismo periodo es de 25.000 euros.

El cálculo del ratio será 125.000 / 25.000 = 5

Significa que en un año los activos rotan 5 veces. Si lo traducimos a días dividiendo 360 por este valor, tendremos una rotación cada 72 días.

8.4.3. Principales ratios para el análisis del balance

 Un ratio es un cociente, una división que pone en comparación dos magnitudes. Permite la comparación entre partidas que, de ser analizadas en términos absolutos, no permitirían alcanzar ninguna conclusión.

Para que un ratio sirva como elemento de análisis, deberemos compararlo con otro. Con carácter general, la comparación de un ratio se podrá establecer con:

1. El ratio promedio del sector.

2. El ratio de una empresa competidora.

3. El mismo ratio de la empresa, pero referido a un periodo anterior.

4. Un valor objetivo o presupuestado.

Resumiendo, los **principales ratios de balance** serían los siguientes:

Categoria	Ratio	Magnitudes relacionadas
Liquidez a corto plazo	Liquidez a corto plazo	Activo corriente / Pasivo corriente
	Liquidez inmediata (prueba del ácido)	(Activo corriente - Existencias) / Pasivo corriente
	Disponibilidad inmediata o tesorería	Tesorería + Financieras temporal / Pasivo corriente
Endeudamiento	Endeudamiento	Pasivo exigible (PC+PNC) / PN + Pasivo exigible
	Garantía o distancia de la quiebra	Activo total / Pasivo
	Calidad de la deuda	Pasivo corriente / Pasivo total
	Autonomía financiera	Patrimonio neto / Pasivo exigible (PNC+PC)
Liquidez a largo plazo	Garantía o distancia de la quiebra	Activo total / Pasivo
	Cobertura	Patrimonio neto + PNC/Activo no corriente
	Autofinanciación	Patrimonio neto / Activo total

8.4.4. Ejemplos de batería de ratios

Veamos las baterías de ratios en los siguientes ejemplos:

⇨ **Ejemplo 1**

Balance de situación

Activo	20XX	20XX-1	20XX-2	20XX-3	20XX-4
A) Activo no corriente	5.494.407	4.518.292	3.945.720	3.575.406	3.452.266
I Inmovilizado intangible	139.828	101.724	114.689	107.091	95.289
II Inmovilizado material	4.676.918	3.810.645	3.281.678	3.106.235	2.912.943
III Inversiones inmobiliarias	83.783	81.809	71.010		
IV Inversiones en empresas del grupo y asociadas a largo plazo	234.304	105.110	73.422	65.656	69.505
V Inversiones financieras a largo plazo	298.625	363.801	357.665	250.901	335.975
VI Activos por impuesto diferido	60.949	55.203	47.256	45.523	38.554
B) Activo corriente	3.642.168	3.932.262	4.248.917	4.084.708	3.608.120
II Existencias	704.439	747.835	716.407	654.578	612.458
III Deudores comerciales y otras cuentas a cobrar	119.939	134.608	117.005	92.834	74.522
1. Clientes por ventas y prestaciones de servicios					
3. Deudores varios	119.939	134.608	117.005	92.834	74.522
IV Inversiones en empresas del grupo y asociadas a corto plazo		9.145	7.125	700	920
V Inversiones financieras a corto plazo	111.583	183.070	95.395	73.960	33.068
VI Periodificaciones a corto plazo	7.017	8.365	11.175	5.643	3.738
VII Efectivo y otros activos líquidos equivalentes	2.699.190	2.849.239	3.301.810	3.256.993	2.883.414
Total activo (A + B)	**9.136.575**	**8.450.554**	**8.194.637**	**7.660.114**	**7.060.386**

Patrimonio neto y Pasivo	20XX	20XX-1	20XX-2	20XX-3	20XX-4
A) Patrimonio neto	5.583.359	5.113.282	4.911.843	4.392.263	3.884.206
A-1) Fondos propios	5.582.931	5.112.613	4.910.752	4.390.647	3.881.935
I Capital	15.921	15.921	15.921	15.921	15.921
II Prima de emisión	1.736	1.736	1.736	1.736	1.736
III Reservas	5.051.299	4.851.294	4.335.398	3.840.208	3.399.582
IV (Acciones y participaciones en patrimonio propias)	-78.563	-78.563	-78.563	-78.563	-78.563
VII Resultado del ejercicio	592.538	322.225	636.260	611.345	543.259
A-2) Ajustes por cambios de valor				-39	-9
A-3) Subvenciones, donaciones y legados recibidos	428	669	1.091	1.655	2.280
B) Pasivo no corriente	66.479	82.803	91.743	106.888	135.498
I Provisiones a largo plazo	6.142	6.099	6.773	12.182	17.166
II Deudas a largo plazo	13.354	20.371	18.499	12.021	11.029
IV Pasivos por impuesto diferido	46.983	56.333	66.471	82.685	107.303
C) Pasivo corriente	3.486.737	3.254.469	3.191.051	3.160.963	3.040.682
III Deudas a corto plazo					
V Acreedores comerciales y otras cuentas a pagar	3.486.737	3.254.469	3.191.051	3.160.963	3.040.682
1. Proveedores	2.421.575	2.344.878	2.266.580	2.224.644	2.096.411
6. Otras deudas con las Administraciones Públicas	347.012	341.673	324.834	314.568	295.120
Total patrimonio neto y pasivo (A + B + C)	9.136.575	8.450.554	8.194.637	7.660.114	7.060.386

Cuenta de pérdidas y ganancias

Cuenta de pérdidas y ganancias	20XX	20XX-1	20XX-2	20XX-3	20XX-4
1. Importe neto de la cifra de negocios	22.255.771	21.011.533	19.802.382	19.059.157	18.441.861
4. Aprovisionamientos	-16.727.033	-16.086.738	-15.028.974	-14.376.994	-13.907.913
5. Otros ingresos de explotación	67.399	60.896	21.133	18.324	17.106
6. Gastos de personal	-2.861.459	-2.731.497	-2.502.267	-2.391.368	-2.329.392
a) Sueldos, salarios y asimilados	-2.189.122	-2.091.397	-1.921.878	-1.835.294	-1.790.506
b) Cargas sociales	-672.337	-640.100	-580.389	-556.074	-538.886
7. Otros gastos de explotación	-1.540.901	-1.492.030	-1.200.568	-1.173.960	-1.216.382
a) Servicios exteriores	-1.494.301	-1.445.186	-1.159.225	-1.134.404	-1.180.574
b) Tributos	-37.120	-34.451	-32.007	-29.737	-26.828
c) Pérdidas, deterioro y variación de provisiones por operaciones comerciales	52	-34	-18	-560	-40
d) Otros gastos de gestión corriente	-9.532	-12.359	-9.318	-9.259	-8.940
8. Amortización del inmovilizado	-425.890	-358.382	-312.977	-372.076	-330.375
9. Imputación de subvenciones de inmovilizado no financiero y otras	322	564	751	843	1.288
11. Deterioro y resultado por enajenaciones del inmovilizado	-989	-8.904	-135	1.437	-925
A1) Resultado de explotación (1 + 2 + 3 + 4 + 5 + 6 + 7 + 8 + 9 + 10 + 11 + 12 + 13)	767.220	395.442	779.345	765.363	675.268
14. Ingresos financieros	14.640	20.226	26.161	33.849	61.665
15. Gastos financieros					
18. Deterioro y resultado por enajenaciones de instrumentos financieros	-22.617	-13.604	-2.594	11.053	982

Cuenta de pérdidas y ganancias	20XX	20XX-1	20XX-2	20XX-3	20XX-4
A2) Resultado financiero (14 + 15 + 16 + 17 + 18 + 19)	-7.977	6.622	23.567	44.902	62.647
A3) Resultado antes de impuestos (A1 + A2)	759.243	402.064	802.912	810.265	737.915
20. Impuestos sobre beneficios	-166.705	-79.839	-166.652	-198.920	-194.656
A5) Resultado del ejercicio (A4 + 20)	592.538	322.225	636.260	611.345	543.259

Ratios

Garantía (A/P)	2,57	2,53	2,50	2,34	2,22
Endeudamiento (P/(PN+P))=(P/A)	38,89%	39,49%	40,06%	42,66%	44,99%
Liquidez (AC/PC)	1,04	1,21	1,33	1,29	1,19
Prueba ácida ((AC-Existencias)/PC)	0,84	0,98	1,11	1,09	0,99
Liquidez inmediata /Efectivo/PC)	0,77	0,88	1,03	1,03	0,95
Rentabilidad económica	8,40%	4,68%	9,51%	9,99%	9,56%
Margen (Resultado explotación/ Ventas)	3,4%	1,9%	3,9%	4,0%	3,7%
Rotación (Ventas/Activo)	2,4	2,5	2,4	2,5	2,6
Rentabilidad financiera (Rdo Neto/ FFPP)	10,61%	6,30%	12,96%	13,92%	13,99%
BAII/Ventas	3,4%	1,9%	3,9%	4,0%	3,7%
Ventas/Activo	2,44	2,49	2,42	2,49	2,61
Activo/FFPP	1,64	1,65	1,67	1,74	1,82
BAI/BAII	99%	102%	103%	106%	109%
Rdo.Neto/BAI	78,04%	80,14%	79,24%	75,45%	73,62%

⇨ **Ejemplo 2**

Balance

BALANCE	20XX
ACTIVO NO CORRIENTE	7.880,00
ACTIVO CORRIENTE	5.900,00
Existencias	1.100,00
Realizable	900,00
Disponible	3.900,00
PATRIMONIO NETO	10.150,00
PASIVO NO CORRIENTE	880,00
PASIVO CORRIENTE	2.750,00

⇨ **Ratios**

CATEGORÍA	RATIO	MAGNITUDES RELACIONADAS	VALORES
LIQUIDEZ A CORTO PLAZO	Liquidez a corto plazo	Activo corriente / Pasivo corriente	2,15
	Liquidez inmediata(prueba del ácido)	(Activo corriente - Existencias) / Pasivo Corriente	1,75
	Disponibilidad inmediata o tesorería	Tesorería + Ifinancieras Temporal / Pasivo Corriente	1,42
ENDEUDAMIENTO	Endeudamiento	Pasivo exigible (PC+PNC) / PN + Pasivo exigible	0,26
	Garantía o distancia de la quiebra	Activo total/ Pasivo	3,80
	Calidad de deuda	Pasivo corriente / Pasivo total	0,76
	Autonomía financiera	Patrimonio neto/ Pasivo exigible (PNC+PC)	2,80
LIQUIDEZ A LARGO PLAZO	Garantía o distancia de la quiebra	Activo total/ Pasivo	3,80
	Cobertura	Patrimonio neto + PNC/ Activo no corriente	1,40
	Autofinanciación	Patrimonio neto / Activo total	0,74

9. Periodo de maduración

9.1. Flujos de entrada y salida

En toda empresa se presentan dos flujos de fondos de dinero:

⇨ Flujo de entrada o cobros.

⇨ Flujos de salida o pagos.

Los principales flujos de entradas o cobros que se generan por las operaciones habituales en la empresa a través de las ventas a los clientes. Y los principales flujos de salidas o pagos que se generan son los relacionados con proveedores.

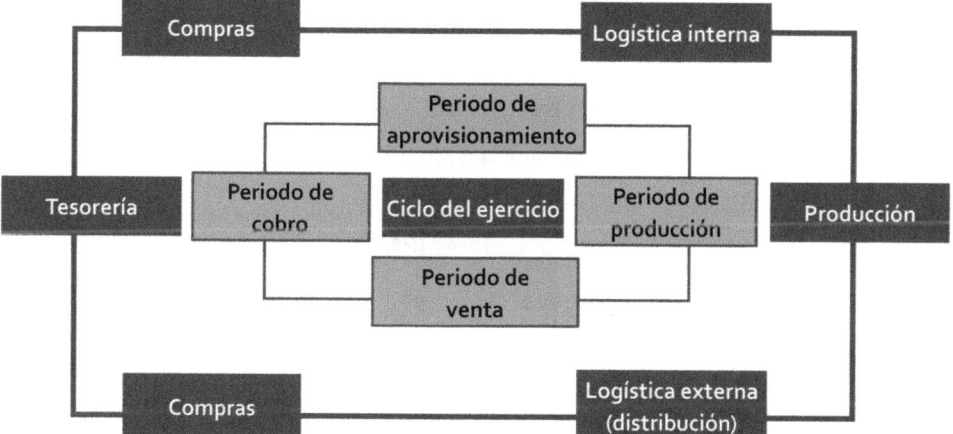

La diferencia entre los flujos de entrada y salida van a definir la posición de la tesorería.

Más adelante estudiaremos los flujos de tesorería y el resultado de la gestión del déficit.

9.2. Etapas del periodo de maduración

En este epígrafe trataremos el periodo medio de maduración (PMM), que es el periodo de tiempo que transcurre desde que la empresa invierte una unidad monetaria para la obtención de materias primas, mano de obra y otros gastos generales de fabricación, hasta que lo recupera como consecuencia del proceso de venta y el cobro del producto.

Este periodo de tiempo se puede dividir en distintos subperiodos o etapas:

⇨ **Periodo medio de aprovisionamiento (PMA)**

Tiempo que transcurre desde que se invierte una unidad monetaria en la compra de materias primas hasta que las mismas se incorporan al proceso productivo.

⇨ **Periodo medio de fabricación o producción (PMF)**

Tiempo que transcurre desde que las materias primas entran en el proceso de producción hasta que se termina el proceso de producción, es decir hasta que se obtiene el producto terminado.

⇨ **Período medio de venta (PMV)**

Tiempo que transcurre desde que se obtiene el producto terminado hasta que se vende.

⇨ **Periodo medio de cobro (PMC)**

Tiempo que transcurre desde que se vende el producto hasta que se cobra a los clientes.

⇨ **Período medio de pago a proveedores (PMP)**

Tiempo que se tarda en pagar a los proveedores, es decir, el tiempo que transcurre entre la compra de las mercancías o las materias primas y el pago de las mismas.

El periodo de maduración es un complemento al análisis de la liquidez, junto con los ratios y el análisis del fondo de maniobra aparente y necesario.

Para conocer en cada caso concreto las necesidades del fondo de maniobra, habrá que examinar no solo la relación entre las masas patrimoniales de activo y pasivo corriente, sino también la velocidad a la que se mueven.

El periodo de maduración mide el tiempo que transcurre desde que la empresa realiza una inversión en producción (compra de materias primas y otros gastos) hasta que recupera esa inversión (cobro a clientes), pasando por el periodo de pago a proveedores.

El periodo medio de maduración se mide en días.

El periodo medio de maduración se determina mediante el cálculo de los siguientes periodos de maduración parciales:

1. Periodo medio de almacenamiento de materias primas.

2. Periodo medio de fabricación.

3. Periodo medio de venta o almacenamiento de productos terminados.

4. Periodo medio de cobro.

5. Periodo medio de pago.

Cuanto menor sea el periodo de maduración, mayor número de ciclos cabrán en un año y, por tanto, mejor será la situación de liquidez de la empresa. Si queremos acortar el periodo de maduración reduciremos, en la medida de lo posible, algunos de los periodos de maduración parciales.

Para el cálculo de cada periodo parcial tendremos en cuenta:

Existencia media = (Existencia inicial + Existencia final) / 2

Veremos los procesos en los que se descompone en los siguientes epígrafes.

9.3. Periodo medio de aprovisionamiento (PMA)

El periodo medio de almacenamiento de materias primas es el tiempo que transcurre desde que se realiza la inversión en la compra de materias primas hasta que estas salen del almacén para incorporarse al proceso de producción. O lo que es lo mismo, las veces en promedio que el inventario de la empresa se renueva.

Primero calcularemos la rotación de las existencias de materias primas en el almacén, es decir, cuantas veces se renueva en un año el almacén de materias primas. Será el cociente entre las compras anuales de materias primas y las existencias medias de materias primas:

Rotación (Ra) = Compras anuales de materias primas / Existencias medias de materias primas

Ra = (Aprovisionamientos + variación existencias + otros gastos de explotación + gastos de personal + amortización de inmovilizado) / (Saldo inicial inventarios + Saldo final inventarios) / 2)

La interpretación de este ratio depende del tipo del negocio, pero en términos generales un ratio bajo indica que la empresa se tiende a sobre abastecer de mercadería; con la consecuente inmovilización de capital, además del incremento del coste de oportunidad.

Si, por el contrario, el ratio es muy alto, la empresa tiene mejor liquidez general, pero puede estar sufriendo costes más altos debido a compras individuales más pequeñas.

A continuación, se calculará el número de días que han estado las existencias en el almacén dividiendo el número de días del año entre las rotaciones:

PMA = 360 / Ra

También podremos realizar el cálculo sin calcular previamente la rotación.

PMA = (Existencias medias de materias primas / Consumo medio diario de materias primas)

El consumo medio diario de materias primas será igual a Consumo anual de materias primas / 365.

El consumo anual de materias primas será igual a Existencias iniciales + Compras de materias primas – Existencias finales.

La empresa SOL, S. A. presenta los siguientes datos referidos a un año:

- Existencias iniciales de materias primas: 6.900 euros.
- Existencias finales de materias primas: 8.220 euros.
- Compras de materias primas: 57.000 euros.

Se pide calcular el consumo de materias primas y el periodo medio de almacenamiento.

Consumo de materias primas:

Vendrá dado por: Existencias iniciales + Compras – Existencias finales.

Consumo de materias primas = 6.900 + 57.000 - 8.220 = 55.680 euros.

Consumo medio diario de materias primas = 55.680 / 365 = 152,55 euros.

Existencias medias de materias primas= (6.900 + 8.220) / 2= 7.560 euros.

PMA = 7.560 / 152,55 = 49,56 días.

9.4. Periodo medio de fabricación (PMF)

El periodo medio de fabricación es el tiempo que transcurre desde que las materias primas se incorporan al proceso productivo hasta que se obtiene el producto terminado.

Calcularemos la rotación de los productos fabricados en el ejercicio. Las veces que se renueva el proceso de fabricación será el cociente entre los consumos anuales y las existencias medias de productos en curso:

Rotación (Rf) = Consumo anual de materias primas / Existencias medias de productos en curso

A continuación, se calculará el número de días que se emplean de media en la fabricación; se calculará dividiendo el número de días del año entre las rotaciones:

PMF = 360 / Rf

Podremos calcular el PMF sin calcular previamente la rotación con la siguiente fórmula:

PMF = Existencia media de productos en curso / Coste medio diario de la producción

Coste medio diario de producción = Coste anual de producción / 365

Siguiendo con la empresa del ejemplo anterior (SOL, S. A.), los datos relativos a la fabricación anual son:

- Existencias iniciales de productos en curso: 10.340 euros.
- Existencias finales de productos en curso: 12.500 euros.
- Coste de producción: 205.556 euros.

Calculamos:

Existencia media de productos en curso = (10.340 + 12.500) / 2 = 11.420 euros.

Coste medio diario de la producción = 205.556 / 365 = 563,17 euros.

PMF = 11.420 / 563,17 = 20,28 días.

9.5. Periodo medio de ventas (PMV)

El periodo medio de venta o almacenamiento de productos terminados es el tiempo que transcurre desde que ha finalizado la elaboración del producto terminado hasta que se vende.

Calcularemos la rotación de los stocks de productos terminados en el ejercicio, esto es, cuántas veces al año se renueva el almacén de productos terminados. Será el cociente entre las ventas anuales (valoradas a precio de coste) dividido entre las existencias medias de productos terminados:

Rotación (Rv) = Ventas anuales a precio de coste / Existencias de productos terminados

A continuación, se calculará los días que de media permanecen los productos terminados en espera de ser vendidos, se obtendrán dividiendo los días del año entre las rotaciones:

$$PMV = 360 / Rv$$

Para calcular el PMV sin calcular previamente la rotación aplicaremos la siguiente función:

PMV = Existencia media de productos terminados / Coste medio diario de los productos vendidos

Coste medio diario de los productos vendidos = Coste anual de productos vendidos / 365

Coste anual de los productos vendidos = Coste anual de los productos terminados + Existencias iniciales de productos terminados – Existencias finales de productos terminados

Siguiendo con la empresa SOL, S. A., tenemos los siguientes datos anuales:

- Existencias iniciales de productos terminados: 10.820 euros.

- Existencias finales de productos terminados: 20.224 euros.

- Coste de los productos vendidos: 193.992 euros.

Existencia media = (10.820 + 20.224) / 2 = 15.522 euros.

Coste medio diario de los productos vendidos = 193.992 / 365 = 531,48 euros.

PMV = 15.522 / 531,48 = 29,20 días.

9.6. Período medio de cobro (PMC)

El periodo medio de cobro es el tiempo que transcurre desde que se vende el producto hasta que se cobra a los clientes.

Calculamos primero las veces (rotaciones) que se renueva la cartera de derechos de cobros sobre clientes en el ejercicio o periodo en análisis:

Rotación (Rc) = Ventas anuales a precio de venta / Saldo medio de los créditos con clientes

A partir de la rotación de cuentas a cobrar se puede determinar, también, el periodo medio de cobro, que veremos en el siguiente punto con otra fórmula de cálculo:

PPC = Número de días comprendidos en el periodo de análisis / Indicador de la rotación de las cuentas por cobrar

Si el análisis lo hiciéramos en un plazo de un mes, tendríamos: PMC = 30 / Rc

Si realizamos el análisis para un año, el número de días del año entre las rotaciones: PMC = 360 / Rc

Podremos calcular el PMC sin calcular previamente la rotación:

PMC = Saldo medio de clientes / Ventas medias diarias

La ventas medias diarias son las ventas anuales / 365.

Las ventas a considerar serán las ventas totales menos devoluciones, rappels y todo tipo de descuentos concedidos. Si en los saldos de clientes va incluido el IVA, las ventas también deben llevar incorporado el factor IVA.

En las ventas al contado, el periodo medio de cobro es de 0 días.

Siguiendo con la empresa SOL, S. A. los datos anuales que presenta son:

- Saldo inicial cuentas de clientes: 40.500 euros.
- Saldo final cuentas de clientes: 41.300 euros.
- Ventas: 247.080 euros.

Saldo medio clientes= (40.500+41.300) / 2 = 40.900 euros.

Ventas medias diarias = 247.080 / 365 = 676,93 euros.

PMC = 60,42 días.

Otro modo de calcular el periodo medio de cobro es:

PMC = (Ventas medias a cobrar / Ventas totales) x 365

Si conocemos estos datos y el coste financiero que supone financiar a los clientes, se obtendrá el coste total en el que incurre la empresa al aceptar determinadas condiciones de cobro. La fórmula de este cálculo sería:

Número medio de crédito x Importe medio que deben los clientes x Coste financiero

Lo que la empresa debe tratar es de obtener un punto de equilibrio entre el coste que le supone y el beneficio obtenido por los clientes con la financiación. También puede recurrir a instrumentos financieros con el fin de anticipar el cobro de las facturas de los clientes.

El periodo de maduración económico resultará de la suma de los cuatro subperiodos:

$$PME = PMA + PMF + PMV + PMC$$

El resultado obtenido serán los días que, de media, transcurren desde que las mercancías entran en el almacén hasta que se cobra por las mismas.

A continuación, incorporaremos el PMP para obtener el periodo medio de maduración financiero (PMMF).

9.7. Periodo medio de pago (PMP)

Representa los días que transcurren desde la adquisición de las materias primas hasta que las mismas son pagadas a los proveedores.

Calculamos primero las veces que se renuevan las deudas con los proveedores durante el ejercicio:

Rotación (Rp) = Compras anuales / Saldo medio de deudas con proveedores

O bien:

(Aprovisionamientos + Otros gastos de explotación + Variación de existencias) / Acreedores y proveedores a pagar

Este índice nos dirá el número de veces que la empresa paga en el ejercicio a sus proveedores y acreedores, por término medio.

$$PMP = 360 / Rp$$

El resultado obtenido serán el número de días que, de media, se tardan en pagar las deudas con los proveedores; se calculará dividiendo el número de días del año entre las rotaciones:

Podremos calcular el PMP sin calcular la rotación previamente:

PMP = Saldo medio de proveedores (y acreedores de explotación) / Compras medias diarias (y otros gastos de explotación) x 365

Aplicamos las mismas reglas que lo especificado para los clientes.

Como el anterior, el resultado serán número de días. En este caso, corresponderá a los días que la empresa se financia a través de sus proveedores.

Siguiendo con la empresa SOL, S. A., sus datos anuales:

- Saldo inicial proveedores: 7.652 euros.
- Saldo final proveedores: 7.940 euros.
- Compras del ejercicio: 57.000 euros.

PMP = Saldo Medio proveedores / Compras medias diarias.

7.796 euros / 156,16 = 49,92 días.

9.8. El periodo de maduración financiero

El periodo de maduración financiero es el resultado de restar al periodo de maduración económico el periodo medio de pago a los proveedores. Por tanto:

$$PMF = PMA + PMF + PMV + PMC- PMP$$

O lo que es lo mismo:

$$PMF = PME - PMP$$

En nuestro ejemplo, para la empresa SOL, S. A., el periodo medio de maduración será:

49,56 + 20,28 + 29,20 + 60,42 − 49,92 = 109,54 días.

Con carácter general puede decirse que los elevados periodos de almacenamiento de las materias primas y de cobro a clientes condicionan negativamente el periodo de maduración de esta empresa, que es casi de cuatro meses, a pesar de que la financiación de proveedores es superior a un mes. Es destacable también que los productos terminados tardan en venderse casi un mes.

El periodo medio de maduración ha de ser financiado con el fondo de maniobra.

Hay que tener en cuenta que en la empresa comercial solo se tendrán en cuenta dos periodos: el periodo medio de almacenamiento de mercaderías y el periodo medio de cobro.

A la empresa le va a interesar la velocidad de giro del ciclo corto, es decir, reducir este periodo medio de maduración económico, ya que así incrementará su producción anual. Aunque no hay que perder de vista que esta aceleración puede provocar la necesidad de sustitución o renovación de equipos para seguir ofreciendo el rendimiento óptimo.

9.9. Políticas para reducir el periodo medio de maduración

Representa los días que transcurren desde la adquisición de las materias primas hasta que las mismas son pagadas a los proveedores.

Para reducir el periodo medio de maduración las empresas podrán adoptar una serie de políticas:

Actuación sobre	Medidas a adoptar
PMC	Anticipo de clientes. Contratos factoring o negociación de cuentas de clientes.
PMV	Ventas especiales. Marketing. Descuentos y rebajas.
PMF	Control calidad. Mecanización y estandarización de los procesos productivos.
PMA	Mejora de las condiciones comerciales con proveedores.

10. Umbral de rentabilidad

10.1. Concepto

El umbral de rentabilidad, conocido también como punto de equilibrio o punto muerto, es la cifra de ventas con la que la empresa cubre todos sus costes, fijos y variables. Puede expresarse en unidades monetarias o en unidades de producto.

⇨ Si las ventas superan el umbral de rentabilidad, la empresa tendrá beneficio.

⇨ Si las ventas no superan el umbral de rentabilidad, la empresa tendrá pérdidas.

El umbral de rentabilidad se calcula con la siguiente fórmula:

Umbral de rentabilidad = Costes fijos / 1- (Costes variables/ Importe de las ventas)

En la fórmula habrá que tener en cuenta:

⇨ Que los costes fijos son aquellos cuyo importe es independiente del volumen de producción y ventas.

⇨ Que los costes variables son aquellos cuyo importe depende del volumen de producción y ventas.

Una empresa presenta las siguientes previsiones:

- Importe de las ventas: 500.000 euros.
- Costes fijos: 100.000 euros.
- Costes variables: 30% del importe de las ventas euros.

Umbral de rentabilidad = 100.000 / 1 - (150.000/500.000) = 100.000 / (1-0.3) = 142.857,14 euros

Si la empresa vende por importe de 142.857,14 euros cubre todos sus costes.

Vamos a comprobarlo:

Importe de las ventas:	142.857,14
Costes fijos	-100.000,00
Costes variables:	- 42.857,14
(son el 30% de las ventas)	
Diferencia	0,00

10.2. Determinar el volumen de unidades que la empresa debe vender para llegar al umbral de rentabilidad

Podemos calcular el umbral de rentabilidad desde dos puntos de vista, buscando el volumen de ventas o buscando el número de productos que se deberán vender/producir.

En el ejemplo que veremos a continuación la empresa no conoce el volumen de ventas, ya que como el enunciado indica se prevé un descenso de las ventas y una rebaja en el precio.

La función que vamos a utilizar será:

Costes fijos / (Precio venta unidad - Costes variables unidad)

El precio unitario de cada producto actualmente es de 57,14 euros. El nuevo precio rondará los 45 euros.

El coste variable de cada producto unitario es de un 37% de su precio de venta, siendo 16,65 euros.

Los costes fijos no van a variar: 57.142 euros.

= 57.142 / (45 - 16,65) = 2.015,59 unidades, vamos a redondear a 2.016 unidades.

Para este umbral de rentabilidad se prevé un volumen de ventas de:

= Precio de venta unitario x Unidades del umbral de rentabilidad.

= 45 x 2.016 = 90.720 euros.

Vamos a comprarlo aplicando la función que hemos visto en la actividad anterior:

Umbral de rentabilidad = Costes fijos / 1- (Costes variables/ Importe de las ventas).

Umbral de rentabilidad = 57.142/ 1-(33.566,40 / 90.720,00) = 90.701,59 euros.

La diferencia entre los 90.720 y los 90.701,59 se deben al redondeo que hemos realizado anteriormente.

Una última comprobación que vamos a realizar partirá de los puntos de venta y costes variables de los productos unitarios.

Vamos a aplicar la siguiente función:

= (Precio de venta unitario x Unidades del umbral de rentabilidad) – Costes fijos – (Costes variables x Unidades del umbral de rentabilidad).

= (45 x 2.016) – 57.142 – (16,65 x 2.016) = 0.

11. Apalancamiento operativo

Un análisis muy útil a partir de la estructura de costes de la empresa es el que tiene por objeto conocer cuál es el denominado "apalancamiento operativo". Este concepto se deriva de la clasificación de los costes y gastos de la empresa entre fijos y variables.

El apalancamiento operativo mide cómo varía el beneficio de una compañía en función de cómo lo hacen sus ventas. Su fórmula es la siguiente:

Apalancamiento operativo = (incremento NETO/NETO) X 100) / (incremento VENTAS/VENTAS) x 100

El sentido de este indicador radica en la estructura de costes de la compañía.

Dado que aquellos son fijos o variables, los incrementos en ventas se trasladarán al beneficio en mayor medida en las empresas que tengan una proporción más elevada de costes fijos, ya que los mismos no variarán cuando lo hacen las ventas, lo que significará un aumento del beneficio.

Por el contrario, en el caso en el que la estructura de costes de la empresa esté basada principalmente en costes variables, los incrementos de las ventas conllevarán incrementos de costes, lo que hará que el incremento en el beneficio sea menor que en el caso anterior.

Una vez que las ventas superen el umbral de rentabilidad, cada incremento de estas supondrá un aumento mayor del beneficio (según la estructura de costes). Esta situación es la que se conoce con el nombre de apalancamiento operativo.

El apalancamiento operativo se produce como consecuencia de que los costes fijos se diluyen al repartirse entre un mayor importe de las ventas.

 Veamos lo anterior con un ejemplo. Partiendo de los datos del ejemplo del umbral de rentabilidad:

Costes fijos	100.000
Costes variables	30% sobre ventas
Umbral de rentabilidad	142.857,14

Vamos a aumentar las ventas un 10% sobre el periodo anterior y veremos cómo queda el beneficio:

Ventas	142.857,14	157.142,85	172.857,14	190.142,85
Costes fijos	-100.000	-100.000	-100.000	-100.000
Costes variables	-42.857,14	-47.142,85	-51.857,14	-57.042,86
Beneficios	0	10.000	21.000	33.100

Vemos que el beneficio aumenta de un periodo a otro mucho más que el 10% que aumentan las ventas. Esto es el apalancamiento operativo.

El análisis de estados contables nos permite, partiendo de los datos relativos a la situación financiera, económica y patrimonial de la empresa, que nos suministran las cuentas anuales, determinar las causas, tanto positivas como negativas, que motivan la situación presente, y a la vista de las mismas adoptar aquellas decisiones que permitan mejorar, a largo y corto plazo, los resultados de la empresa.

En esta unidad se profundizará en el análisis de la solvencia y el endeudamiento mediante la técnica de los ratios, el cálculo del fondo de maniobra y del periodo de maduración, el *cash-flow*, el umbral de rentabilidad, el ROI y el ROE.

El análisis de estados contables se estructura en tres grandes áreas:

1. El análisis patrimonial, que estudia la composición y estructura de las masas patrimoniales, sus interrelaciones y cambios.

2. El análisis financiero, que profundiza en las necesidades de financiación, a fin de determinar si los recursos que genera la empresa son capaces de atender a los reembolsos de sus pasivos.

3. El análisis económico, que examina los resultados obtenidos por la empresa en relación con los capitales invertidos.

Con el estudio de esta unidad hemos conseguido:

•   Analizar la información contable interpretando correctamente la situación económica y financiera que transmite.

•   Relacionar la información relevante para el análisis con los estados contables que la proporcionan.

También hemos aprendido el método de análisis a través de los ratios.

El método de ratios, como tal, es un análisis estático. Para aportar valor a la empresa se deberá realizar el análisis de forma dinámica, es decir, comparando diferentes periodos de la misma empresa, o comparando los ratios de la empresa con los que presenten otras empresas del sector.

.../...

.../...

Clasificación de los ratios

- Ratios de rentabilidad.

- Ratios de tesorería.

- Ratios de estructura financiera.

- Ratios operativos.

Para analizar el balance de situación, además de los ratios tenemos diferentes herramientas o índices.

La primera sería el análisis porcentual o análisis vertical, que sería el análisis del peso de cada masa patrimonial en la composición del activo por ejemplo.

De este análisis se pueden extraer conclusiones sobre la solvencia y liquidez de la empresa.

Lo primero que observaremos es que el activo corriente debe ser mayor, casi el doble, que el pasivo corriente. Esto es necesario para que la empresa no tenga problemas de liquidez y pueda atender a sus pagos futuros.

Cuando no se cumpla esta regla, la empresa debe tomar medidas para reducir su pasivo corriente como:

a) Ampliar el capital social.

b) Reducir el pago de dividendos y aumentar la autofinanciación.

c) Renegociar la deuda y pasarla a largo plazo.

d) Vender activos inmovilizados para generar liquidez.

El realizable más el disponible han de igualar, aproximadamente, al pasivo corriente. Con este punto, se corrige el punto anterior, ya que la empresa podría tener un elevado volumen de existencias y no tener efectivo.

A nivel de fondos propios, se deberá comprobar que sean el 40% o 50% del total del pasivo. Este porcentaje garantizará la capitalización de la empresa y su endeudamiento no será excesivo.

Nos remitimos a la unidad anterior en el análisis del equilibrio del balance y el análisis del fondo de maniobra.

UNIDAD DIDÁCTICA 5

Análisis de la capacidad para generar beneficios, valor y crecimiento

Contenido & Objetivos

Introducción

1. Relación rendimiento-rentabilidad

2. Rentabilidad financiera y económica

3. Apalancamiento financiero

Resumen

Los **objetivos** de esta unidad son:

1. Determinar la rentabilidad de la compañía.

2. elacionar la información relevante para el análisis con los estados contables que la proporcionan.

3. Definir los siguientes instrumentos de análisis y explicar su función:

   - Apalancamiento financiero.

   - Rentabilidad.

4. Apalancamiento financiero.

5. Rentabilidad.

Introducción

A lo largo de la presente unidad se expone el análisis de la información contable mediante técnicas que permitan determinar la situación económica de la empresa. Determinar la rentabilidad de la empresa es determinar el grado de cumplimiento los objetivos de toda entidad con ánimo de lucro: generar rentabilidad y utilidad.

Los inversores interesados en la empresa solo realizarán la inversión o se mantendrán en ella si la rentabilidad que obtienen de la empresa es superior a la que obtendrían de invertir el mismo capital en otros proyectos, en caso contrario, probablemente venderán sus acciones.

1. Relación rendimiento-rentabilidad

En esta unidad nos vamos a centrar en el análisis de la cuenta de pérdidas y ganancias.

Como sabemos, este estado financiero nos va a dar información sobre los rendimientos que genera la empresa, así como los recursos que consume en el proceso productivo, sea este la venta de productos o la prestación de servicios.

Sin embargo, no vamos a analizar este estado financiero desde los puntos de vista que hemos realizado en las unidades anteriores, porcentual vertical y horizontal y/o en su relación con determinadas partidas del balance para calcular los diversos ratios que miden la solvencia o liquidez de la empresa.

En esta ocasión, el análisis va a buscar determinar la capacidad que tiene la empresa de generar beneficios, creación de valor y rentabilidad, y analizaremos la autofinanciación de la empresa. Esto nos va a permitir diagnosticar la empresa desde un punto de vista económico.

Hablar de rentabilidad es referirse a un concepto muy amplio, en términos financieros. Algunos manuales entienden la rentabilidad como el rendimiento que obtiene la empresa en su proceso productivo. Otros hacen referencia a la rentabilidad para referirse al resultado de la cuenta de resultados, y por tanto al beneficio o pérdida que obtiene en el ejercicio. Nos encontraremos también manuales que entenderán rentabilidad como el margen bruto sobre las ventas.

Algunos ratios que encontraremos en este sentido, serán:

1. Margen bruto sobre ventas = Margen bruto / Ventas (%).

2. Beneficio sobre ventas = BDI / Ventas (%).

3. Rentabilidad sobre fondos propios = BDI / Fondos propios (%).

4. Rentabilidad sobre activo neto = BDI / Activo neto (%).

Vamos a calcular los ratios relacionados con la rentabilidad a partir de los siguientes datos:

Total ventas	24.000,00
BDI	1.200,00
Margen bruto	3.000,00
BDI	12.000,00
Fondos propios	20.000,00
Activo total	35.000,00
Proveedores	500,00
Margen bruto sobre ventas	12,50%
Beneficio sobre ventas	5,00%
Rentabilidad sobre fondos propios	6,00%
Rentabilidad sobre activo neto	3,48%

2. Rentabilidad financiera y económica

2.1. El doble triángulo económico financiero

En el desarrollo de este análisis vamos a conocer lo que vamos a denominar el doble triángulo económico financiero, en el cual vamos a determinar la relación que existe entre el beneficio o resultado de la cuenta de pérdidas y ganancias, los activos y los fondos propios de la empresa.

En los vértices del doble triángulo vamos a situar cuatro factores que están íntimamente relacionados: activo, ventas, fondos propios y beneficio.

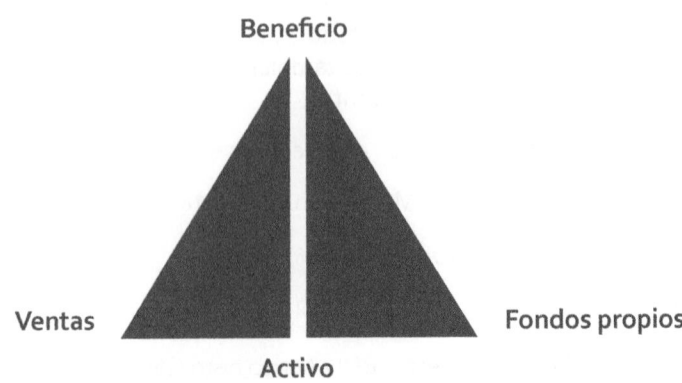

Del análisis de estos valores obtendremos gran información para determinar la rentabilidad de la empresa.

1. Si relacionamos las ventas con los activos que hemos invertido obtendremos la rotación del activo.

2. Al relacionar el beneficio con las ventas obtendremos información sobre el margen que obtiene la empresa en sus ventas.

3. Por último, si relacionamos el beneficio con los activos, obtendremos la rentabilidad económica que obtiene la empresa.

4. Si relacionamos las ventas con los fondos propios obtendremos la rentabilidad que han obtenido los socios por cada euro que han invertido en la empresa.

5. Al relacionar el beneficio con los fondos propios obtendremos información sobre la rentabilidad financiera, que desarrollaremos en otro punto de la unidad.

6. Al relacionar el activo con fondos propios obtendremos el ratio del apalancamiento.

2.2. Ratios para determinar la rentabilidad de la empresa

Para determinar la rentabilidad de la empresa se utilizarán los siguientes ratios:

1. El rendimiento del activo o rentabilidad económica (ROI, del inglés return on investments) que relaciona el beneficio antes de intereses e impuestos y el activo total.

BAIT / Activo neto

2. La rentabilidad del capital propio (ROE, del inglés return on equality) que relaciona el beneficio neto y los capitales propios.

Beneficio neto / Fondos propios

La **rentabilidad de la inversión** mide la relación entre el beneficio que obtenemos de la actividad corriente y la inversión necesaria para llevar a cabo dicha actividad.

Para **determinar el rendimiento de un activo** utilizamos técnicas:

⇨ Flujos de caja.

⇨ VAN.

⇨ TIR.

A la hora de analizar la rentabilidad empresarial se pueden distinguir 2 tipos:

⇨ Rentabilidad económica: mide el rendimiento de los activos de la empresa.

⇨ Rentabilidad financiera: mide el rendimiento obtenido por los propietarios de la empresa.

2.3. Rentabilidad económica (ROI)

2.3.1. Cálculo de la rentabilidad económica

El ratio de rentabilidad económica o rendimiento nos permite conocer la evolución y los factores que inciden en la productividad del activo de la sociedad.

En su cálculo tomamos el beneficio antes de intereses e impuestos para analizar solo el beneficio generado por la sociedad independientemente de cómo se financia y, por consiguiente, sus gastos financieros.

Su valor lo obtendremos de la siguiente manera:

Rentabilidad económica = Beneficio bruto (antes impuestos e intereses) / Activo total neto

También se podría calcular como:

Rentabilidad de la empresa = (Ingresos explotación - gastos explotación) / (Activo -amortización - provisiones)

Cuanto más alto sea su valor indicará que estamos obteniendo una mayor productividad del activo.

Es un análisis de rentabilidad que no considera la estructura financiera de la empresa, únicamente considera la estructura productiva.

Para realizar un mejor análisis y poder evaluar mejor las variables podemos descomponer el ROI en varios componentes:

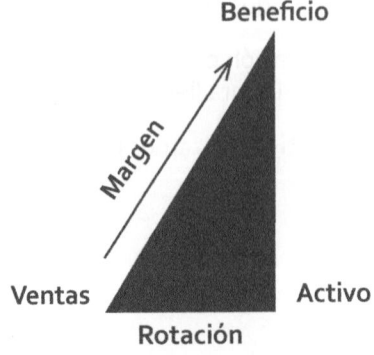

Si partimos del anterior gráfico podríamos interpretar el cálculo del rendimiento como la relación entre la rotación de activos y el margen sobre ventas:

Acciones que llevarán a incrementar la rentabilidad de la empresa

Las acciones que llevarán a incrementar la rentabilidad de la empresa podrían ser:

Incrementar el margen manteniendo la rotación o volumen de actividad.

Al revés del anterior, incrementar la rotación manteniendo el margen.

Compensar, con un incremento en un valor y reduciendo el otro.

2.3.2. Ejemplo de cálculo

Veamos un ejemplo de cálculo:

Activo	31/03/20XX	31/03/20XX-1	31/03/20XX-2	31/03/20XX-3	31/03/20XX-4
Total activo (A + B)	203.502.133	183.307.000	168.292.000	152.041.000	148.706.000

Cuenta de pérdidas y ganancias	31/03/20XX	31/03/20XX-1	31/03/20XX-2	31/03/20XX-3	31/03/20XX-4
1. Importe neto de la cifra de negocios	96.118.000	97.413.000	81.658.000	77.581.000	54.413.000
A1) Resultado de explotación (1 + 2 + 3 + 4 + 5 + 6 + 7 + 8 + 9 + 10)	25.181.000	22.220.000	17.838.000	14.057.000	16.618.000
Rentabilidad económica (BAII/ Activo)	12,37%	12,12%	10,60%	9,25%	11,18%
Margen (Resultado de explotación/ Ventas)	26,2%	22,8%	21,8%	18,1%	30,5%
Rotación (Ventas/Activo)	0,47	0,53	0,49	0,51	0,37

A través de la evolución de los dos ratios anteriores se aprecia que en el ejercicio 20XX-3 cayó la rentabilidad económica debido a la caída del margen a pesar de la mejora de la rotación del activo.

Del 20XX-2 al 20XX-1 la rentabilidad se mejora debido a un aumento del margen y un incremento importante de la rotación del activo. En 20XX a pesar de la mejora del margen, disminuye la rotación y por ello, la rotación no sufre un gran aumento, ya que pasa de 12,12% a 12,37%.

Si la empresa desea **aumentar el rendimiento**, se puede actuar de diferentes modos:

⇨ Aumentar el precio de venta de los productos y/o reducir los costes y así se conseguirá que el ratio de margen suba:

Precio de venta – Reducir costes = Aumento del margen

⇨ Vender a precios elevados aquellos productos de calidad, se obtendrían un mejor rendimiento, aunque su rotación fuera baja:

Margen muy elevado x Baja rotación = Rendimiento

⇨ Ajustar los precios de venta para vender el máximo número de unidades que provocarán o permitirán una elevada rotación:

Bajo margen x Elevada rotación = Rendimiento

⇨ Aumentar la rotación vendiendo más y/o reduciendo el activo:

Para seguir interpretando este ratio, hemos de compararlo con el coste medio de financiación de la sociedad, esto es: "Intereses de deuda + Dividendos deseados por accionistas".

⇨ Si el rendimiento del activo es MAYOR que el coste medio de la financiación el beneficio de la empresa es suficiente para atender el coste de la financiación.

⇨ Si el rendimiento del activo es MENOR que el coste medio de la financiación el beneficio es insuficiente y no se podrá atender los costes financieros de la deuda más los dividendos deseados por los accionistas.

Otro modo de calcular el rendimiento es relacionar el BAII con el activo funcional, es decir, aquel que la empresa utiliza para la explotación o actividades ordinarias de la actividad:

$$\text{Rendimiento neto} = \frac{\text{BAII}}{\text{Total activo funcional}}$$

También se podría calcular deduciendo del activo la partida de proveedores:

$$\text{Rendimiento neto del activo} = \frac{\text{BAII}}{\text{Activo - Proveedores}}$$

2.4. Rentabilidad financiera (ROE)

2.4.1. Cálculo de la rentabilidad financiera

La rentabilidad financiera o ROE mide la relación entre el beneficio neto y los fondos propios, siendo esta el principal objetivo de los inversores.

Recordando el triángulo de los factores que os hemos presentado anteriormente, observamos el ROE:

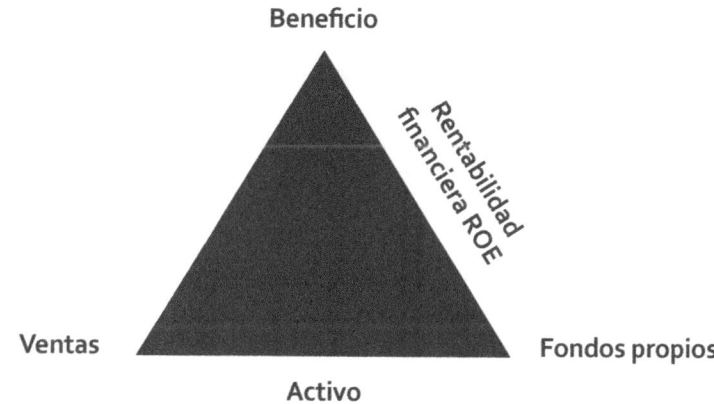

De lo anterior obtenemos la función:

$$\text{ROE} = \frac{\text{Beneficio neto (BDI)}}{\text{Fondos propios medios}}$$

El resultado indica que de cada 100 euros de fondos propios han originado X euros de beneficio neto en el ejercicio considerado.

A este ratio se le pide que su valor sea lo más alto posible, en todo caso positivo, y que supere las expectativas de los inversores o su coste de oportunidad (factor que les indica la rentabilidad que dejan de percibir por no invertir en otras alternativas similares de inversión).

207

Si recordamos el resto de las magnitudes que resultan del triángulo de factores tenemos:

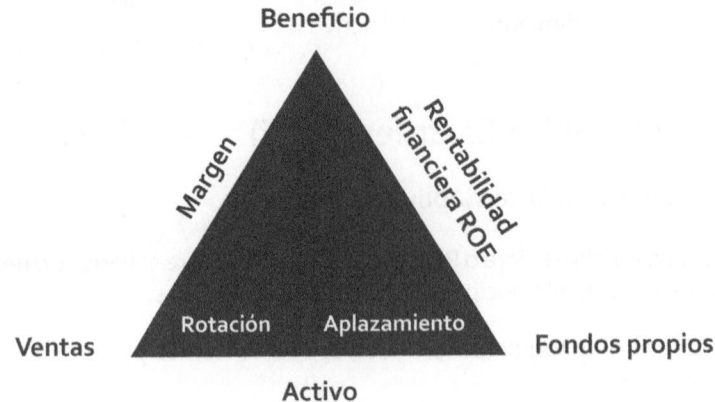

A partir del triángulo anterior, podemos afirmar que la rentabilidad financiera resulta de relacionar varios ratios, antes añadimos a la función de cálculo anterior los ratios ventas/ventas y activo/activo:

$$ROE = \frac{\text{Beneficio neto (BDI)}}{\text{Fondos propios medios}} \times \frac{\text{Ventas}}{\text{Ventas}} \times \frac{\text{Activo}}{\text{Activo}}$$

Si reclasificamos las magnitudes en la fórmula anterior y lo incorporamos en el contexto del triángulo de factores, veremos gráficamente que la ROE resulta de relacionar ratios que ya conocemos:

$$ROE = \underbrace{\frac{\text{Beneficio neto (BDI)}}{\text{Ventas}}}_{\text{Margen sobre ventas}} \times \underbrace{\frac{\text{Ventas}}{\text{Activo}}}_{\substack{\text{Rotación} \\ \text{activo}}} \times \underbrace{\frac{\text{Activo}}{\text{Fondos propios medios}}}_{\text{Apalancamiento}}$$

Si deseamos incrementar el ROE podremos actuar sobre cualquiera de los tres ratios: el margen sobre ventas, la rotación del activo o el apalancamiento.

Para mejorar el margen sobre las ventas, como vemos en la siguiente imagen, podríamos incrementar las ventas, aumentar los precios de ventas, reducir los costes, aumentar las ventas de aquellos productos que generan mayor margen sobre las ventas.

$$\frac{\text{Beneficio neto (BDI)}}{\text{Ventas}}$$

Aumentar el margen:

⇨ Incremento precios.

⇨ Incremento unidades con mayor margen.

⇨ Reducción costes y gastos.

Para aumentar la rotación podemos incrementar las ventas, bien sea incrementando la cantidad o volumen o bien aumentando el precio de ventas, o reducir el activo, o bien actuando sobre ambos factores.

$$\frac{Ventas}{Activo}$$

Aumentar rotación:

⇨ Incremento precios.

⇨ Incremento unidades.

⇨ Reducción del activo.

Para actuar sobre el apalancamiento, podremos aumentar la deuda externa y de ese modo se mejorará el ratio del apalancamiento.

$$\frac{Activo}{Fondos\ propios\ medios}$$

Aumentar apalancamiento:

⇨ Incremento activo.

⇨ Reducción fondos propios.

⇨ Incrementar deuda.

Podemos ampliar aún más la descomposición (método de pares), teniendo en cuenta el efecto fiscal.

⇨ BAII = Beneficio antes de intereses e impuestos

⇨ BAI = Beneficio antes de impuestos

$$\frac{BAII}{BAII} \times \frac{BAI}{BAI}$$

Si aplicamos las anteriores magnitudes en el cálculo del ROE, nos quedaría la siguiente fórmula:

$$ROE = \frac{BAII}{Ventas} \times \frac{Ventas}{Activo} \times \frac{BAI}{BAII} \times \frac{B.\ neto}{BAI}$$

| Margen sobre ventas | Rotación activo | Apalancamiento | Efecto fiscal |

2.4.2. Ejemplo de cálculo

Veamos un ejemplo del cálculo desglosado del ROE:

Activo	31/03/20XX	31/03/20XX-1	31/03/20XX-2	31/03/20XX-3	31/03/20XX-4
Total activo (A + B)	203.502.133	183.307.000	168.292.000	152.041.000	148.706.000
Patrimonio neto y Pasivo					
A-1) Fondos propios	140.498.133	123.694.000	111.602.000	130.279.000	116.719.000
Cuenta de pérdidas y ganancias					
1. Importe neto de la cifra de negocios	96.118.000	97.413.000	81.658.000	77.581.000	54.413.000
A1) Resultado de explotación (1+2+3+4+5+6+7+8+9+)	25.181.000	22.220.000	17.838.000	14.057.000	16.618.000
A3) Resultado antes de impuestos (A1+A2+21+22+23)	24.713.000	22.657.000	18.010.000	15.420.000	16.376.000
A5) Resultado del ejercicio (A4+25)	19.768.000	19.048.000	14.543.000	13.560.000	15.568.000
Rentabilidad financiera (Rdo Neto/FFPP)	14,07%	15,40%	13,03%	10,41%	13,34%
BAII/Ventas	26,2%	22,8%	21,8%	18,1%	30,5%
Ventas/Activo	0,47	0,53	0,49	0,51	0,37
Activo/FFPP	1,45	1,48	1,51	1,17	1,27
BAI/BAII	98,14%	101,97%	100,96%	109,70%	98,54%
Rdo.Neto/BAI	79,99%	84,07%	80,75%	87,94%	95,07%

Normalmente, la opción del endeudamiento resultará más favorable si el rendimiento del activo supera al tipo de interés que tendremos que satisfacer por acudir a la financiación ajena.

Si el rendimiento del activo es inferior al tipo de interés, un mayor nivel de endeudamiento supondrá para el accionista menos rentabilidad.

Una empresa que debe decidir si acudir a la financiación ajena o propia, presenta los siguientes datos:

- Activo: 100.000
- Capital propio: 40.000
- Pasivo corriente: 25.000
- Ventas: 40.000
- Gastos de explotación: 15.000
- Gastos financieros: 2.000
- Impuesto sobre beneficios: 25%
- Tipo de interés anual: 8%
- Ventas: 40.000
- Gastos de explotación: -15.000
- BAIT: 25.000
- Gastos financieros: -2.000
- Beneficio: 23.000
- Impuestos: -5.750
- Beneficio neto: 17.250
- ROI: (25.000 / 100.000) x 100 = 25%
- ROE: (17.250/40.000) X 100 = 43,125%

Como el rendimiento de su activo (25%) es superior al interés de la deuda (8%), resultará más rentable a la empresa acudir a la financiación ajena.

Si variamos las ventas en 20.000, tendríamos:

- Ventas: 20.000
- Gastos explotación: -15.000
- BAIT: 5.000

.../...

.../...

- Gastos financieros: -2.000
- Beneficio: 3.000
- Impuestos: -750
- Beneficio neto: 2.250
- ROI: (5.000/100.000) x 100 = 5%
- ROE: (2.250/40.000) x 100 = 5,625%

En este caso el rendimiento del activo (5%) es inferior al interés de la deuda (11,15%), con lo que un ratio de endeudamiento mayor reportaría al accionista menor rentabilidad.

3. Apalancamiento financiero

3.1. Concepto

El apalancamiento financiero evalúa la relación entre la deuda y los fondos propios, por un lado, y el efecto de los gastos financieros en los resultados ordinarios, por el otro. Y trata de determinar el efecto positivo o negativo que la financiación o endeudamiento ajeno provoca en el beneficio de la empresa, debido a la carga financiera de la misma, y su efecto, en consecuencia, sobre la tasa de rentabilidad financiera.

⇨ Cuando el coste de la deuda ajena sea inferior a la rentabilidad que obtiene la empresa, este efecto de la carga financiera será positivo.

⇨ Cuando se produzca el proceso contrario ocasionará un efecto de reducción de la tasa de rentabilidad.

3.2. Cálculo del apalancamiento financiero

El apalancamiento o leverage trata de medir este efecto positivo o negativo del endeudamiento sobre la rentabilidad de los recursos propios:

(BAI / BAII) x (Activo Total / Recursos propios)

El primer ratio de la función pone de manifiesto la proporción de las cargas financieras sobre el BAII. El segundo manifiesta la relación de endeudamiento, es decir, la diferencia entre la inversión total, menos los recursos propios, corresponde al volumen total de endeudamiento de la empresa.

⇨ Cuando el resultado de este producto es superior a 1 indica que la deuda ejerce una efecto positivo en la tasa de rentabilidad financiera.

⇨ Si el valor es igual a 1, el endeudamiento no ejerce ningún efecto sobre la rentabilidad.

⇨ Si el valor es inferior a 1, demuestra que el endeudamiento provoca un efecto negativo sobre la rentabilidad financiera.

El *leverage* o apalancamiento deberá determinarse unido al grado de autonomía financiera, ya que el primero únicamente determina si la deuda eleva o no la rentabilidad financiera pero no tiene en cuenta si la deuda es excesiva, si se podrá devolver o no, y en definitiva si la empresa presenta un desequilibrio en la autonomía financiera con efectos irreversibles, cuando el apalancamiento pasa a valores negativos.

En relación a la rentabilidad, debemos tener en cuenta el ratio de autonomía financiera que ya conocemos: (Patrimonio neto / Pasivo exigible total).

Este ratio condiciona extremadamente la capacidad de endeudamiento de la empresa, ya que cuanto más cerca esté del valor límite, menos alternativas y posibilidades de incrementar sus créditos tendrá la empresa, con la consecuente limitación de crecimiento de la entidad.

Aunque la opción del endeudamiento sea más favorable, hay que tener también en cuenta que es la más arriesgada, ya que una caída del ROI y un incremento de los tipos de interés puede perjudicar gravemente a la empresa, sobre todo cuando su nivel de endeudamiento es elevado.

 Veamos cómo varían el ROI y el ROE, en función de que la empresa del ejemplo del epígrafe anterior opte por endeudarse o por ampliar su capital en 2.000 euros:

Supuesto	A	B	C
Activo	100.000	102.000	102.000
Capital prop.	40.000	40.000	42.000
Ventas	40.000	40.000	40.000
Gastos expl.	15.000	15.000	15.000
BAIT	25.000	25.000	25.000
Gastos finan.	2.000	2.160	2.000
Beneficio	23.000	23.000	23.000
Impuestos	5.750	5.710	5.750
BN	17.250	17.130	17.250
ROI	25	24,51	24,51
ROE	43,125	42,825	41,071

Supuesto A: situación inicial.

Supuesto B: la empresa opta por incrementar su endeudamiento.

Supuesto C: la empresa opta por aumentar su capital.

Al tratarse de una empresa en la que el ROI es superior al tipo de interés la opción más favorable es el endeudamiento, ya que en ese caso la rentabilidad del capital propio es mayor que los gastos financieros que genera la deuda.

3.3. Ejemplo de cálculo

Analicemos otro ejemplo:

	1	2	3
Activo	1600	1600	1600
Capital	1600	800	4
Deuda	0	800	1596
BAII	400	400	400
-intereses	0	160	319,2

	1	2	3
BAI	400	240	80,8
-impuestos	132	79,2	25,664
Beneficio neto	268	160,8	54,136
Rentabilidad			
Beneficio neto/Cantidad	16,75%	20,10%	1.353,40%
Apalancamiento	1	1,2	80,8

La empresa tiene un apalancamiento igual a 1 por no tener deudas.

Las otras dos empresas presentan un valor superior a 1, ya que les interesa debido al incremento de rentabilidad que la deuda genera.

En el cálculo del apalancamiento financiero entra en juego la variación del BAII ya que, si se reduce y, por tanto, se reduce la rentabilidad, tal vez no sea conveniente el uso de la deuda.

El análisis de la cuenta de pérdidas y ganancias permite evaluar las causas en la generación de valor. Es imprescindible realizar este análisis para determinar si la empresa es rentable y si aporta suficiente valor a los accionistas.

Uno de los aspectos más relevantes en este campo es la rentabilidad.

Para crear valor es fundamental que la rentabilidad de los fondos propios supere el coste de oportunidad de los accionistas.

Para determinar la rentabilidad de la empresa se utilizarán los siguientes ratios:

⇨ El rendimiento del activo o rentabilidad económica (ROI), que relaciona el beneficio antes de intereses e impuestos y el activo total.

BAIT / Activo neto

.../...

⇨ La rentabilidad del capital propio (ROE), que relaciona el beneficio neto y los capitales propios.

Beneficio neto / Fondos propios

El cálculo de la rentabilidad económica se realiza a partir de la relación entre la rotación de activos y el margen sobre ventas.

El cálculo de la rentabilidad financiera se realizará a partir del margen, la rotación y el apalancamiento financiero.

UNIDAD DIDÁCTICA 6

Formulación del diagnóstico, recomendaciones y justificación de las medidas propuestas

Contenido & Objetivos

Introducción

1. Diagnóstico de la empresa

2. Calidad del análisis de la empresa

3. Maquillaje

4. La continuación del proceso

5. Señales de alerta de problemas

6. Sistemas de diagnóstico empresarial

7. Informe de diagnóstico

8. Destinatarios del informe de diagnóstico

Resumen

Los **objetivos** de esta unidad son:

1. Determinar las prácticas que algunas empresas realizan para la manipulación de las cuentas anuales.

2. Establecer los requisitos y estructura del informe completo de análisis de balances de una empresa.

3. Formulación de recomendaciones en relación con el diagnóstico.

4. Determinar los destinatarios del informe de análisis y sus áreas de interés.

Introducción

Todo lo estudiado hasta ahora nos permite diagnosticar a la empresa a través de un exhaustivo análisis de los estados financieros. Esta información es útil y valiosa, sin embargo, se debe tener en cuenta que el análisis está basado en el pasado.

Las decisiones que tome la empresa tendrán siempre sus efectos en el futuro, por ello, es necesario establecer previsiones, dibujar las alternativas financieras que le servirán de guía.

Tomar una decisión en un ámbito de la compañía supone determinar si ese objetivo es viable en todos los ámbitos de la compañía. Por ejemplo, a una empresa en la que se incrementen las ventas en cierto porcentaje deberá determinar no solo si su infraestructura puede asumir ese incremento de ventas, sino también si está preparada financieramente para asumir este incremento de ventas, ya que repercutirá en sus necesidades operativas de fondos; también crecerán, pero probablemente crezcan también sus necesidades de financiación, y tal vez, la empresa no disponga de la suficiente solvencia ante la entidad financiera.

Una vez efectuado el análisis de las cuentas anuales se redactará un informe adaptado al destinatario del análisis y a sus áreas de interés.

1. Diagnóstico de la empresa

Como hemos comentado anteriormente, el entorno económico-social en el que se encuentran las empresas se caracterizan por ser un entorno VUCA (Volatility, Uncertainty, Complexity, Ambiguity).

Toda empresa está "obligada" a realizar un plan estratégico si desea dirigirse hacia unos objetivos de crecimiento, expansión, o incluso si únicamente desea sobrevivir y soportar una crisis.

Pero el timón de un plan estratégico debe existir, porque con él se nutrirá de información que podrá ser tenida en cuenta en la toma de decisiones; aportará a la empresa la capacidad de adaptación a los cambios previstos o imprevistos que se pueden originar; permitirá centrar el negocio y facilitará el conocimiento de los objetivos corporativos por parte de toda la compañía y todo ello fortalecerá la capacidad de gestión ante el riesgo.

2. Calidad del análisis de la empresa

El diagnóstico y análisis económico-financiero de la empresa, desde su aspecto interno como externo, debe realizarse utilizando técnicas de evaluación apropiadas, efectivas e idóneas, con capacidad correctiva e implantando un sistema de control y evaluación continuo, y normalizar la existencia del riesgo, ya que solo de ese modo la empresa podrá estar preparada ante esta situación de incertidumbre.

⇨ La evaluación deberá realizarse desde un punto de vista cuantitativo, a través de los estados financieros y como hemos visto anteriormente, desde un punto de vista cualitativo.

⇨ Como sabemos, el análisis debería centrarse en varios aspectos relevantes como sería el estudio de la rentabilidad, la solvencia, el endeudamiento, la eficiencia, el análisis vertical de estados financieros o el flujo de caja, etc.

⇨ Observando la relación entre el patrimonio neto, el pasivo en el balance y la partida de ingresos y gastos financieros podremos determinar el endeudamiento y el grado de capitalización.

⇨ La solvencia y la gestión de los plazos de cobros y pagos los habremos determinado a partir de observar las partidas del activo corriente respecto el pasivo corriente.

⇨ Relacionando las ventas con el activo no corriente obtenemos la información sobre la gestión de los activos.

⇨ La capacidad de generar beneficios habrá venido marcada por la relación entre las ventas y los impuestos sobre beneficios.

⇨ La creación de valor, la rentabilidad y el autofinanciamiento vendrán dados por la relación entre el beneficio y el patrimonio neto o fondos propios y la relación entre ventas y activo no corriente.

⇨ Al poner en consonancia toda la información anterior debería resultar un informe fácilmente comprensible por la empresa o el destinatario del mismo, estableciendo las debilidades, los aspectos a analizar para detectar el grado de debilidad y las medidas a implementar.

 Si la debilidad de la empresa es el endeudamiento excesivo, deberá analizar y controlarse el estado de flujos de efectivos, las deudas que mantiene y las garantías depositadas sobre los mismos, los flujos de caja y el nivel de salidas de efectivo destinadas a atender préstamos o la relación entre los recursos exigibles (pasivo), respecto el total de recursos de la empresa. Y en virtud del diagnóstico se propondrá a la empresa efectuar una ampliación de capital, vender activos para poder reducir deuda o solicitar subvenciones que no generan obligación de devolución.

3. Maquillaje

3.1. Concepto

El análisis deberá partir de la contabilidad general, que estará al día. Esta, como hemos visto, reflejará la imagen fiel de la empresa en su aspecto patrimonial, a través del balance de situación, y en lo que respecta a la rentabilidad, a través de la cuenta de resultados o pérdidas y ganancias.

 Algunas empresas modifican la información contable y financiera de sus estados financieros al presentarlos ante acreedores o entidades financieras con el fin de presentar mayor solvencia económica, una mayor solidez financiera o liquidez y así obtener la financiación necesaria. A este hecho se le denomina maquillaje de los estados financieros.

Hacer esto implica desfigurar la realidad económica, contable y financiera de la empresa. Lamentablemente, el porcentaje de empresas que incurren en estas irregularidades es muy alto.

3.2. Objetivo

El maquillaje contable en relación con Hacienda se hace para reducir el pago de impuestos de forma fraudulenta y nunca recomendable.

Consiste en efectuar ajustes como los siguientes:

⇨ Reducir activos tales como existencias, clientes o inmovilizados con amortizaciones o provisiones excesivas.

⇨   Reducir existencias con cambios en los criterios de valoración.

⇨   Reducir reservas y/o el resultado del ejercicio.

⇨   Ocultar ventas o elevar gastos para reducir el beneficio.

⇨   Retrasar la contabilización de ventas o adelantar la contabilización de gastos.

⇨   Considerar como gastos del periodo inversiones en concepto de inmovilizado.

⇨   Transferir resultados de una empresa a otra en el interior de un grupo empresarial.

⇨   Introducir transacciones con accionistas que no responden a la realidad.

4.   La continuación del proceso

Con un buen diagnóstico, la empresa podrá implementar estrategias de crecimiento que permitirán clasificar los proyectos en tres grupos:

⇨   **La generación de flujos de efectivo**

Se encuentran aquí los proyectos que corresponden a la actividad básica de la empresa.

Las medidas a tomar en este grupo serán ampliar las ventas, intentar mantener la rentabilidad, controlar los flujos de caja y la cuenta de resultados, seguimiento del margen bruto y de la rentabilidad sobre el activo neto, además de controlar la productividad.

⇨   **Crecimiento**

Aquí se incluirán proyectos con marcada viabilidad futura.

Las medidas a tomar en este grupo será potenciar incorporarse a actividades emergentes, incrementar la cuota de mercado, captar nuevos clientes y aumentar el margen bruto.

⇨   **Opciones de futuro**

Se incluyen proyectos de crecimiento de futuro.

Las medidas a tomar serán intentar pasar estos proyectos al grupo de crecimiento, buscar nuevas actividades.

Toda empresa debe realizar actividades que sostengan el grueso de su rentabilidad, pero al mismo tiempo debe tener actividades que ofrezcan un buen perfil de desarrollo-crecimiento en el futuro. En todo caso, en cualquiera de estos grupos se desecharán las actividades que no generen flujos de efectivos.

5. Señales de alerta de problemas

La empresa debe ser analizada en todas sus áreas de actuación para detectar alertas que los análisis anteriores no han reflejado. Se buscará conocer la situación actual de la empresa, pero sobre todo su proyección y evolución hacia el futuro.

⇨ **A nivel organizacional**

Se evaluará el compromiso de los responsables con los objetivos marcados por la empresa, determinado por el control, evaluación y corrección periódico que del proceso realizan.

- Se evaluará si la empresa dispone de presupuestos que integran los objetivos y los medios y recursos necesarios para alcanzarlos.

- Se evaluará si dispone de una previsión de tesorería.

También será interesante determinar la temporalidad con la que la empresa cuenta con sus estados financieros actualizados, necesarios no solo para conocer el pasado sino para realizar las correcciones oportunas en el futuro.

A nivel de análisis de costes, que no es objeto de este curso, se deberá evaluar si la dirección de la empresa dispone de los márgenes por producto o servicio que realiza.

Dentro de esta área sería interesante evaluar los procesos de control interno de calidad, por la repercusión que estos tendrán en la imagen, mercado y sobre todo en la rentabilidad de la empresa.

⇨ **Dentro del área económico-financiera**

Será fundamental evaluar el crecimiento de la empresa y sobre todo la evolución del sector en el que se mueve.

También se evaluará si la empresa ha realizado las inversiones necesarias para competir en su nicho de mercado y si son suficientes para expandirse en el sector o en otro distinto.

- Se evaluarán los ratios y se determinará la evolución de las ventas, del beneficio, de la rentabilidad, de la solvencia y del endeudamiento.

- Se prestará especial atención al equilibrio financiero de su balance para determinar su capacidad de autofinanciación y la liquidez de la empresa.

- Con respecto a los ratios operativos y otros índices que hemos conocido, se determinará si dispone del nivel de inventario necesario para operar.

- Si los plazos de cobro y pago son óptimos, y los gastos financieros que van asociados, que, en principio, no deberían superar, en la mayoría de los sectores, el cinco por ciento de las ventas.

⇨ **En el área comercial**

Se evaluará la cuota de mercado que ocupa la empresa; la red de ventas de la que dispone; la adecuación y coherencia del plan de marketing.

⇨ **En el área tecnológica**

Será fundamental este análisis dependiendo del sector en el que la empresa opere.

A nivel industrial será importante determinar el nivel de producción que se realiza por medios mecánicos respecto la manual. El estado de la maquinaria, su obsolescencia y necesidad de sustitución, serán factores también a analizar.

⇨ **En el área del capital humano**

Será fundamental conocer la estructura de la empresa con el fin de determinar que los puestos estén correctamente definidos y repartidas los objetivos y funciones individuales.

La antigüedad media de la empresa será un indicador del clima laboral que se vive en la misma, así como también será indicador de este aspecto la tasa de absentismo.

El plan de sucesión de personal clave en la compañía será determinante para predecir la continuidad de la empresa, sin efectos perjudiciales, en el caso de la desaparición de una de estas personas.

6. Sistemas de diagnóstico empresarial

Existen diversos sistemas de diagnóstico empresarial. Vamos a conocer de forma general algunos de los más significativos:

⇨ **Metodología para el diagnóstico tecnológico de PYMES (DT-PYMES)**

Desarrollado por el Institut Català de Tecnologia (ICT) en 1993. Su objetivo es proporcionar un procedimiento estructurado para realizar un diagnóstico de empresas con carácter general, que se complementan con diagnósticos específicos del área tecnológica.

Se realiza a través de un análisis y evaluación de la empresa, análisis del grado de tecnología, mejorar la competitividad de la empresa.

Es una herramienta de la dirección, de la cual obtiene ayuda para comprender, tanto el pasado como el presente, y actuar, en el presente y en el futuro.

⇨ **Metodología del proyecto QUALYMAN**

El objetivo del proyecto Qualyman es el análisis y evaluación de la empresa, así como la mejora de la competitividad de la misma, apoyándonos en un adecuado desarrollo del plan de formación de la organización y, en su caso, plan de carrera acorde con el mismo, dejando al margen el análisis del grado de tecnología de la empresa, entendido como tal. Para la implantación del proyecto Qualyman no se prevé la realización de un diagnóstico previo, basándose su metodología en el análisis de los recursos humanos (motor de la organización), la dirección y organización (cultura y liderazgo), área tecnológica en lo concerniente a su adaptación y mejora a través de los recursos humanos, prevención de riesgos laborales, gestión medioambiental y, en último lugar, el sistema de gestión de calidad implantado y, con él, el mecanismo de comunicación interna implementado.

⇨ **Metodología EFQM**

La autoevaluación según el modelo EFQM permite a las organizaciones distinguir claramente sus puntos fuertes de las áreas de mejora, y culmina en acciones de mejora planificadas y en el seguimiento del progreso realizado.

La autoevaluación para conseguir un mayor grado de eficacia debe realizarse de forma sistemática y continuada, debe de convertirse en un proceso normal de gestión, en un termómetro que mida la evolución de su organización en su camino a la excelencia.

La autoevaluación trata de identificar los puntos fuertes y las áreas de mejora de la organización, a la vez que su evolución, tendencias y rendimientos.

El proceso de autoevaluación según el modelo EFQM facilita el examen de todos los aspectos de la organización de manera objetiva.

⇨ **Metodología MOUGLI**

Desarrollado por el Instituto Francés de Gestión (*Méthode participative de conduite e Outils pour l'evaluation Globale des Investissements technologiques – IFG*). Uno de los principales objetivos que persigue es el análisis de aspectos específicos de la empresa, sin tener en cuenta el aspecto global de la misma. La metodología MOUGLI se caracteriza porque viene soportada por un sistema experto. A diferencia de la mayoría de las metodologías descritas, el método MOUGLI no presenta como herramientas para la obtención de información cuestionarios o entrevistas, sino que solo se basa en una guía para formación del consultor y el sistema experto.

⇨ **Metodología BUNT**

Desarrollado por *Business Development Using New Technology* (NTNF, Noruega). El objetivo del método es la obtención de un análisis general del negocio junto con un análisis de los aspectos específicos de la empresa. La metodología BUNT se desarrolla en dos fases, en una primera en la que se realiza un diagnóstico previo, y una segunda en la que se desarrolla la metodología. Para la obtención de la información se utilizan cuestionarios y entrevistas.

7. Informe de diagnóstico

7.1. Características

El informe de diagnóstico y análisis de las cuentas anuales tendrá las siguientes características:

1. Objetivos.

2. Sencillez y concreción en el contenido.

3. Claridad y comprensible para el destinatario.

4. Estructura lógica y coherente.

7.2. Estructura

Con carácter general, la estructura del informe sería:

1. Resumen del informe en un máximo de dos páginas.

2. Alcance del informe: objetivos del informe, limitaciones al diagnóstico y fuentes de información.

3. Presentación de la empresa: referencia a la evolución histórica de la empresa, exposición del sector, de la industria, filiales, equipo directivo.

4. Diagnóstico económico-financiero: DAFO, diagrama causa-efecto, análisis de la cadena de valor, análisis de recursos, diagrama Ishikawa.

5. Recomendaciones: conclusiones integradas del diagnóstico, medidas propuestas.

6. Simulación de las consecuencias que tendrá la empresa al implementar las recomendaciones propuestas.

7. Detalle de los cálculos.

8. Datos utilizados y fuentes de información.

8. Destinatarios del informe de diagnóstico

Los principales usuarios de estos análisis podrían ser, además de la propia empresa:

1. Accionistas.

2. Organismos supervisores.

3. Analistas financieros.

4. Entidades de crédito.

5. Proveedores.

6. Competidores.

Cada usuario tiene una **principal área de interés**:

Usuarios	Áreas de interés
Accionistas	Rentabilidad. Autofinanciación. Dividendos. Crecimiento.
Proveedores	Liquidez. Capacidad de pago de deudas.
Clientees	Equilibrio en crecimiento. Solvencia financiera.

Usuarios	Áreas de interés
Empleados	Equilibrio financiero. Capitalización. Solvencia. Equilibrio en el crecimiento.
Entidades de crédito	Liquidez. Flujo de caja. Capacidad de pago de intereses. Autofinanciación. Endeudamiento. Capitalización.
Business angel	Valor de la empresa. Peritaje de activos. Situación patrimonial y financiera. Capacidad de generación de fondos. Autofinanciación. Crecimiento.

Como hemos conocido, a través del análisis de balances de una empresa se puede evaluar diversos aspectos de su situación patrimonial, financiera y económica:

- Solvencia.

- Gestión de pagos y cobros.

- Endeudamiento.

- Capacidad de generar beneficio.

- Autofinanciación.

El diagnóstico incluirá un análisis de los puntos fuertes y débiles de la empresa, y un diagrama de causa-efecto, a partir del cual se plantearán medidas correctoras preventivas.

Al finalizar el análisis, teniendo en cuenta el destinatario del mismo, se formulará un informe, el cual recogerá la información relevante para cada uno de los colectivos destinatarios.

TEST DE UNIDADES DIDÁCTICAS

ENUNCIADOS

Unidad 1

1. **¿Qué instrumentos se utilizan para realizar un análisis de la empresa? Señala la respuesta incorrecta:**

   a) Diagrama causa-efecto.
   b) Cadena de valor.
   c) POSTEL.
   d) DAFO.

2. **El diagnóstico de la empresa tiene como finalidad únicamente:**

   a) Evaluar la capacidad del administrador de la compañía.
   b) Determinar los puntos débiles.
   c) Determinar los puntos fuertes.
   d) Ninguna es correcta.

3. **El análisis de los estados financieros:**

   a) Es el único análisis válido para diagnosticar la empresa.
   b) No sirve para diagnosticar la empresa.
   c) Solo se puede utilizar cuando los socios lo soliciten.
   d) Ninguna es correcta.

4. **Señala la respuesta incorrecta:**

   a) La normativa contable y mercantil establece que los estados contables reflejarán la imagen fiel de la realidad económico-financiera.
   b) La contabilidad general no se refiere al futuro.
   c) La contabilidad general se refiere al pasado.
   d) Un incremento en beneficios garantiza un incremento en la entrada de flujos.

5. **Serán fuentes de información de terceros (señala la respuesta incorrecta):**

   a) ROI.
   b) ASNEF.
   c) CIRBE.
   d) RM.

6. **¿Qué significa VUCA?:**

a) Volátil, único, complejo, ambiguo.
b) Variable, único, complejo, ambiguo.
c) Variable, incierto, complejo, ambiguo.
d) Volátil, incierto, complejo, ambiguo.

7. **Se entiende por datos valorativos:**

a) El balance de situación.
b) Cuenta de pérdidas y ganancias.
c) Estado de cambios de patrimonio neto.
d) Plan estratégico.

8. **En el área de organización se tendrán en cuenta las siguientes variables, marca la respuesta incorrecta:**

a) Estructura organizativa.
b) Cultura empresarial.
c) Planificación estratégica.
d) Sistemas de dirección.

9. **En el área de comercialización se tendrán en cuenta las siguientes variables, marca la respuesta incorrecta:**

a) Cuota de mercado.
b) Imagen de marca.
c) Red de distribución.
d) Sistemas de dirección.

10. **Una fuente de riesgo de mercado es:**

a) Riesgo de crédito.
b) Riesgo operativo.
c) Riesgo legal.
d) Riesgo de tipo de interés.

Unidad 2

1. **La formulación de las cuentas anuales comprenderá::**

   a) El balance.
   b) La cuenta de pérdidas y ganancias.
   c) El estado de cambios del patrimonio neto.
   d) Todas son correctas.

2. **La cuenta de pérdidas y ganancias refleja:**

   a) La estructura patrimonial de la empresa.
   b) El rendimiento de la empresa en un momento determinado.
   c) El rendimiento de la empresa en un periodo determinado.
   d) Ninguna respuesta es correcta.

3. **En la cuenta de pérdidas y ganancias, ¿cómo se obtiene el resultado antes de impuestos?:**

   a) Sumando todos los ingresos y gastos de explotación.
   b) Sumando todos los ingresos y gastos de explotación y financieros, aunque los gastos aparezcan con signo negativo.
   c) Sumando ingresos y gastos de explotación, financieros e impuesto sobre beneficios, aunque como los gastos tienen signo negativo en la práctica disminuyen (restan) los ingresos.
   d) Sumando ingresos y gastos de explotación y financieros, aunque como los gastos tienen signo negativo en la práctica disminuyen (restan) los ingresos.

4. **El balance muestra:**

   a) La rentabilidad de la empresa en un periodo determinado.
   b) La situación patrimonial de la empresa en un periodo determinado.
   c) La estructura patrimonial de la empresa en un momento concreto.
   d) Información contable que todas las empresas deben auditar.

5. **Será causa de disolución:**

    a) Cuando las pérdidas hayan disminuido el patrimonio neto por debajo de las dos terceras partes de la cifra del capital.
    b) Cuando las pérdidas hayan disminuido el patrimonio neto por debajo de la mitad de la cifra de negocio.
    c) Cuando las pérdidas hayan disminuido el capital social a la mitad.
    d) Cuando las pérdidas hayan disminuido el patrimonio neto por debajo de la mitad del capital social.

6. **Las ventas e ingresos suponen:**

    a) Un incremento del patrimonio neto.
    b) Un decremento del patrimonio neto.
    c) No inciden en el patrimonio neto.
    d) Ninguna es correcta.

7. **¿A qué corresponde la definición beneficio antes de intereses, impuestos, amortizaciones y depreciaciones?:**

    a) BAI.
    b) EBITDA.
    c) EBIT.
    d) EBT.

8. **¿A qué corresponde la definición resultado antes de intereses e impuestos?:**

    a) BAI.
    b) EBITDA.
    c) EBIT.
    d) EBT.

9. **El EBIT:**

    a) Coincide con el resultado contable de la cuenta de resultados del periodo.
    b) Coincide con el BAI.
    c) Coincide con el BDI.
    d) Coincide con el BAII.

10. **¿A qué corresponde la definición resultado del ejercicio antes de impuestos?:**

    a) BAI.
    b) EBITDA.
    c) EBIT.
    d) EAT.

Unidad 3

1. **Las NOF se pueden financiar a través de:**

   a) Las reservas.
   b) La financiación externa a corto plazo.
   c) Con un confirming o factoring.
   d) Todas son correctas.

2. **El flujo de caja representa:**

   a) Las facturas emitidas y recibidas del ejercicio.
   b) La conciliación bancaria con el extracto bancario.
   c) El resumen de los movimientos de la caja efectiva, cuenta contable 570.
   d) Las salidas y entradas netas de dinero en la empresa en un periodo determinado.

3. **¿Con qué flujo de caja se hacen manifiestas las necesidades operativas de fondos (NOF)?:**

   a) Con el flujo de caja de la actividad financiera.
   b) Con el flujo de caja de la actividad inversora.
   c) Con el flujo de caja de la actividad operativa.
   d) Ninguna es correcta.

4. **Sabiendo que el *cash-flow* económico de nuestra empresa es positivo y el *cash-flow* financiero es negativo, podemos afirmar:**

   a) La empresa tendrá beneficios y no tendrá problemas para hacer frente a sus pagos.
   b) La empresa tendrá problemas para hacer frente a sus pagos, pero no se puede determinar, con los datos suministrados, si tendrá pérdidas o beneficio.
   c) No es posible que el *cash-flow* económico y financiero tengan signos distintos, ambos serán o positivos o negativos.
   d) La empresa tendrá pérdidas y tendrá problemas para hacer frente a sus pagos.

5. **Los recursos negociados son:**

   a) El descuento de pagarés.
   b) Las operaciones de confirming.
   c) Préstamos a corto plazo para atender pagos comerciales.
   d) Ninguna es correcta.

6. **Las deudas que tienen como finalidad financiar el activo corriente se denominan:**

   a) Proveedores de inmovilizado a corto plazo.
   b) Créditos de financiación.
   c) Créditos y deudas.
   d) Créditos de funcionamiento.

7. **La financiación interna de la empresa se encuentra en:**

   a) El pasivo circulante.
   b) El pasivo total.
   c) En el activo no corriente.
   d) En el patrimonio neto.

8. **Se entenderá que un crédito es a corto plazo cuando:**

   a) El plazo de retorno sea inferior a cinco años.
   b) El plazo de retorno sea inferior a seis meses.
   c) El plazo de retorno sea inferior a un año.
   d) El plazo de retorno se produzca antes del día 31 de diciembre del ejercicio en curso.

9. **Los instrumentos de financiación a corto plazo pueden tener como finalidad (señala la respuesta incorrecta):**

   a) Atender el pago de las facturas mensuales a los proveedores y acreedores.
   b) Anticipar el cobro de facturas de clientes.
   c) Descuento de efectos.
   d) Adquirir un nuevo vehículo para la flota de transporte.

10. **Un gasto:**

    a) Coincide con la base imponible de las facturas recibidas por la empresa.
    b) Está documentado y materializado en una factura recibida del periodo.
    c) Corresponde a bienes que se consumen en el proceso productivo y no generarán beneficios en el futuro.
    d) Ninguna es correcta.

Unidad 4

1. Si con la venta de 32.000 unidades no obtenemos ni beneficio ni pérdida, 32.000 unidades es:

    a) El umbral de rentabilidad.
    b) El punto muerto.
    c) El punto de equilibrio.
    d) Todas son correctas.

2. ¿Qué supone el apalancamiento operativo?:

    a) Que una vez que las ventas superen el umbral de rentabilidad, cada incremento de estas supondrá un aumento en la misma proporción del beneficio.
    b) Que mientras que las ventas no superen el umbral de rentabilidad, cada incremento de estas supondrá un aumento en la misma proporción del beneficio.
    c) Que una vez que las ventas superen el umbral de rentabilidad, cada incremento de estas supondrá un aumento mayor del beneficio.
    d) Que una vez que las ventas superen el umbral de rentabilidad, cada incremento de estas supondrá un aumento menor del beneficio.

3. El análisis financiero consiste en:

    a) El análisis de la cuenta de resultados.
    b) El estudio de las relaciones entre ingresos y gastos.
    c) El estudio de las relaciones entre cada uno de los elementos del balance.
    d) Ninguna es correcta.

4. El análisis financiero informa de:

    a) La capacidad para hacer frente a compromisos a corto y largo plazo.
    b) La estructura de sus fuentes de financiación.
    c) Capacidad de cobro.
    d) Son correctas a) y b).

5. Si nuestra empresa presenta un ratio de liquidez de 0,8:

    a) Evidencia la existencia de capitales mal invertidos.
    b) La empresa podrá hacer frente a sus deudas y además dispondrá de un margen de seguridad ante posibles eventualidades.
    c) La empresa puede presentar problemas de liquidez.
    d) 0,8 es un valor imposible en un ratio de liquidez.

6. Si nuestra empresa tiene un volumen total de deudas de 100.000 € y la suma de su pasivo y su neto asciende a 400.000 €, el ratio de endeudamiento que presenta es:

   a) Óptimo.
   b) Con los datos suministrados no se puede determinar el ratio de endeudamiento.
   c) Demasiado bajo, debe estudiar si existe un exceso de capitales propios.
   d) Excesivo, y evidencia una gran dependencia para su financiación de sus acreedores.

7. El resultado del fondo de maniobra puede ser:

   a) El resultado del fondo de maniobra no es una cifra.
   b) Positivo.
   c) Negativo.
   d) Son correctas b) y c).

8. Señala la respuesta correcta:

   a) El fondo de maniobra aparente es el que necesita la empresa para atender a sus pagos.
   b) El fondo de maniobra aparente se determina a partir de los datos que suministra el presupuesto de tesorería.
   c) El fondo de maniobra necesario se determina a partir de los datos que suministra el presupuesto de tesorería.
   d) Son correctas a) y b).

9. El fondo de maniobra es:

   a) La diferencia entre el activo corriente y el pasivo no corriente.
   b) La diferencia entre los capitales permanentes y las inversiones permanentes.
   c) La diferencia entre el activo no corriente y el pasivo corriente.
   d) Ninguna es correcta.

10. El fondo de maniobra nos indica:

   a) La cantidad de inmovilizado que podemos adquirir.
   b) Los días que estamos financiando a nuestros clientes.
   c) Nuestra capacidad para endeudarnos a largo plazo.
   d) Nuestra salud financiera y capacidad de pago.

Unidad 5

1. A partir de los siguientes datos, ¿cuál es valor del beneficio sobre ventas?:

Ventas	4.750
Beneficio después de impuestos	300
Fondos propios	5.400
Activo	12.850
BAII	400

a) 8,42%.
b) 3,32%.
c) 5,56%.
d) Ninguna es correcta.

2. A partir de los siguientes datos, ¿cuál es valor del margen sobre ventas?:

Ventas	4.750
Beneficio después de impuestos	300
Fondos propios	5.400
Activo	12.850
BAII	400

a) 8,42%.
b) 6,32%.
c) 5,56%.
d) 36,96%.

3. A partir de los siguientes datos, ¿cuál es valor del rentabilidad de fondos propios?:

Ventas	4.750
Beneficio después de impuestos	300
Fondos propios	5.400
Activo	12.850
BAII	400

a) 8,42%.
b) 6,32%.
c) 5,56%.
d) 36,96%.

4. **La rentabilidad financiera mide:**

   a) Los flujos de efectivos.
   b) El saldo de los clientes pendientes de cobro.
   c) El rendimiento obtenido por los propietarios de la empresa.
   d) El rendimiento de los activos de la empresa.

5. **ROA significa:**

   a) Rentabilidad financiera.
   b) *Return on aquity.*
   c) Rentabilidad de la liquidez.
   d) Rentabilidad económica.

6. **ROE significa:**

   a) Rentabilidad financiera.
   b) *Return on aquity.*
   c) Rentabilidad de la liquidez.
   d) Rentabilidad económica.

7. **¿Cómo se calcula el apalancamiento?:**

   a) = Activo / Fondos propios medios.
   b) = Ventas / Activo.
   c) = Beneficio neto / Ventas.
   d) Ninguna es correcta.

8. **¿Cómo se calcula el margen sobre ventas?:**

   a) = Activo / Fondos propios medios.
   b) = Ventas / Activo.
   c) = Beneficio neto / Ventas.
   d) Ninguna es correcta.

9. **Con los siguientes datos, calcula el ROE:**

   a) 5,46%.
   b) 6,55%.
   c) 5,56%.
   d) Ninguna es correcta.

10. **El análisis de la cuenta de pérdidas y ganancias nos va a dar información sobre los rendimientos que genera la empresa, así como los recursos que consume en el proceso productivo, sea este la venta de productos o la prestación de servicios:**

   a) Verdadero.
   b) Falso.

Unidad 6

1. **El análisis económico-financiero se realiza:**

   a) Únicamente a partir de los datos de la contabilidad financiera.
   b) Únicamente a partir de los datos de la contabilidad analítica.
   c) Únicamente a partir de las cuentas anuales.
   d) Ninguna es correcta.

2. **El análisis económico-financiero se centrará en determinar :**

   a) La rentabilidad.
   b) La solvencia.
   c) El endeudamiento.
   d) Todas son correctas.

3. **La solvencia se determinará a partir de:**

   a) La relación entre el activo corriente respecto el activo total.
   b) La relación entre el activo corriente respecto el pasivo no corriente.
   c) La relación entre partidas del pasivo no corriente con el patrimonio neto.
   d) Ninguna es correcta.

4. **Los puntos relevantes de análisis de nuestra empresa son:**

   a) La rentabilidad.
   b) La solvencia.
   c) El análisis vertical.
   d) Todos son puntos relevantes.

5. **Podemos encontrar ajustes con el fin de maquillar la contabilidad en:**

   a) Retrasar la contabilización de ventas.
   b) Adelantar la contabilización de gastos.
   c) Considerar gastos del periodo a inversiones.
   d) Todas son correctas.

6. **¿Qué área se analiza si verificamos que la empresa dispone de previsión de tesorería?:**

   a) El área económico-financiera.
   b) A nivel organizacional.
   c) El área comercial.
   d) El área tecnológica.

7. **¿Qué área se analiza si verificamos la tasa de absentismo de la empresa?:**

   a) El área económico-financiera.
   b) A nivel organizacional.
   c) El área comercial.
   d) El área del capital humano.

8. **El método para el diagnóstico tecnológico de PYMES se basa en:**

   a) El área tecnológica.
   b) La evaluación de la empresa.
   c) Únicamente en los recursos humanos.
   d) Son correctas a) y b).

9. **La metodología BUNT:**

   a) Fue desarrollada por el ICT.
   b) Fue desarrollada por el Business Development Using New Technology.
   c) Fue desarrollada por el Instituto Qualyman.
   d) Ninguna es correcta.

10. **Son destinatarios del informe de diagnóstico de la empresa:**

    a) Accionistas.
    b) Entidades de crédito.
    c) Proveedores.
    d) Todas son correctas.

TEST DE UNIDADES DIDÁCTICAS

SOLUCIONES

Unidad 1

1. **c)** POSTEL.

2. **d)** Ninguna es correcta.

3. **d)** Ninguna es correcta.

4. **d)** Un incremento en beneficios garantiza un incremento en la entrada de flujos.

5. **a)** ROI.

6. **d)** Volátil, incierto, complejo, ambiguo.

7. **d)** Plan estratégico.

8. **d)** Sistemas de dirección.

9. **d)** Sistemas de dirección.

10. **d)** Riesgo de tipo de interés.

Unidad 2

1. **d)** Todas son correctas.

2. **c)** El rendimiento de la empresa en un periodo determinado.

3. **d)** Sumando ingresos y gastos de explotación y financieros, aunque como los gastos tienen signo negativo en la práctica disminuyen (restan) los ingresos.

4. **c)** La estructura patrimonial de la empresa en un momento concreto.

5. **d)** Cuando las pérdidas hayan disminuido el patrimonio neto por debajo de la mitad del capital social.

6. **a)** Un incremento del patrimonio neto.

7. **d)** EBT.

8. **c)** EBIT.

9. **d)** Coincide con el BAII.

10. **a)** BAI.

Unidad 3

1. **d)** Todas son correctas.

2. **d)** Las salidas y entradas netas de dinero en la empresa en un periodo determinado.

3. **d)** Ninguna es correcta.

4. **b)** La empresa tendrá problemas para hacer frente a sus pagos, pero no se puede determinar, con los datos suministrados, si tendrá pérdidas o beneficio.

5. **c)** Préstamos a corto plazo para atender pagos comerciales.

6. **d)** Créditos de funcionamiento.

7. **d)** En el patrimonio neto.

8. **c)** El plazo de retorno sea inferior a un año.

9. **d)** Adquirir un nuevo vehículo para la flota de transporte.

10. **d)** Ninguna es correcta.

Unidad 4

1. **d)** Todas son correctas.

2. **c)** Que una vez que las ventas superen el umbral de rentabilidad, cada incremento de estas supondrá un aumento mayor del beneficio.

3. **c)** El estudio de las relaciones entre cada uno de los elementos del balance.

4. **d)** Son correctas a) y b).

5. **c)** La empresa puede presentar problemas de liquidez.

6. **c)** Demasiado bajo, debe estudiar si existe un exceso de capitales propios.

7. **d)** Son correctas b) y c).

8. **c)** El fondo de maniobra necesario se determina a partir de los datos que suministra el presupuesto de

9. **b)** La diferencia entre los capitales permanentes y las inversiones permanentes.

10. **d)** Nuestra salud financiera y capacidad de pago.

Unidad 5

1. **d)** *Ninguna es correcta.*

2. **a)** *8,42%.*

3. **c)** *5,56%.*

4. **c)** *El rendimiento obtenido por los propietarios de la empresa.*

5. **d)** *Rentabilidad económica.*

6. **a)** *Rentabilidad financiera.*

7. **a)** *= Activo / Fondos propios medios.*

8. **c)** *= Beneficio neto / Ventas.*

9. **c)** *5,56%.*

10. **a)** *Verdadero.*

Unidad 6

1. **d)** *Ninguna es correcta.*

2. **d)** *Todas son correctas.*

3. **d)** *Ninguna es correcta.*

4. **d)** *Todos son puntos relevantes.*

5. **d)** *Todas son correctas.*

6. **b)** *A nivel organizacional.*

7. **d)** *El área del capital humano.*

8. **d)** *Son correctas a) y b).*

9. **b)** *Fue desarrollada por el Business Development Using New Technology.*

10. **d)** *Todas son correctas.*

GLOSARIO

Abonar una cuenta

Anotar en el haber de la misma.

Acreedor

Persona física o jurídica titular de un derecho de crédito sobre otra y que tiene derecho a exigir su cumplimiento.

Activo

Conjunto de los bienes y derechos que posee una empresa, susceptibles de ser valorados.

Activo fijo

Bienes y derechos adquiridos por la empresa para hacer posible el funcionamiento de la empresa; como, por ejemplo, un elemento de transporte o una maquinaria.

Amortización

Es la pérdida de valor que sufren los bienes y derechos que componen el activo de una empresa.

Análisis horizontal

Comparación del cambio en una misma partida de un estado económico financiero durante dos o más periodos contables.

Análisis vertical

Comparación de una partida específica de un estado económico financiero con un total que incluye esta partida como, por ejemplo, el porcentaje de las compras sobre las ventas netas de la empresa en un periodo contable determinado.

Apalancamiento

Efecto que produce el endeudamiento sobre el nivel de rentabilidad del capital de la empresa.

Arrendamiento financiero

También denominado leasing es un contrato mediante el cual el arrendatario tiene la facultad de adquirir la propiedad del bien al finalizar el tiempo contractual pactado.

Arrendamiento operativo

Se trata básicamente de un contrato de arrendamiento mediante el cual el arrendatario tiene el uso de una propiedad arrendada y el arrendador asume los riesgos usuales y beneficios de la propiedad. Se contabiliza como un gasto de alquiler para el arrendatario.

Asiento contable

Es todo registro que se hace en los libros de contabilidad de una transacción que representa un aumento o disminución del activo, del pasivo o del patrimonio.

Asiento de ajuste

Asientos requeridos al final del periodo contable para actualizar las cuentas antes de preparar los estados financieros.

Asientos de cierre

Asientos de diario que se hacen al final del periodo con el fin de cerrar las cuentas para permitir el cierre del ejercicio económico y que sirve de base para apertura el siguiente periodo contable.

Autofinanciación

Es la financiación que genera la propia empresa a través de la generación de beneficios.

Balance

Es el estado económico financiero de la empresa que permite el estudio del patrimonio empresarial.

Balance de comprobación

Es una relación de todas las cuentas del Mayor con sus saldos y que se configura como un cuadro de dos columnas donde aparecen los nombres y los saldos débito y crédito de todas las cuentas del Mayor.

Beneficio

Es el resultado económico positivo que se calcula como diferencia entre los gastos y los ingresos generados en el periodo económico. A nivel analítico es la diferencia entre el margen bruto y el coste de venta.

Capital

Es la aportación que hacen los propietarios de la empresa a la misma para su creación.

Cargar una cuenta

Es la anotación que se hace en el debe de la misma.

Cash-flow

Mide la capacidad de autofinanciación de una empresa, representada por el conjunto de beneficios netos, deducidos impuestos y amortizaciones.

Compra

Se refiere a la adquisición de bienes y constituyen el objeto social de la misma.

Contabilidad

Es la ciencia que permite el registro de los hechos económico- financieros en los que incurre una empresa mediante la aplicación de técnicas de registro y métodos de valoración uniformes.

Cuenta contable

Es el instrumento con el que cuenta la contabilidad para el registro de las operaciones económico-financieras y susceptibles de ser recogidas en la contabilidad para llegar al cálculo del resultado y patrimonio empresarial.

Cuenta de resultados

Es el estado económico que recoge todos los gastos e ingresos en los que ha incurrido la empresa en un periodo de tiempo determinado y cuyo saldo refleja el resultado económico (beneficio o pérdida) obtenido por la misma.

Debe

En términos contables, es el nombre que se le da al lado izquierdo de una cuenta contable.

Deudor

Persona física o jurídica titular de una obligación de pago con otra persona física o jurídica.

Devengo

Es el momento en el que nace la obligación o derecho que ha de ser registrado contablemente por una empresa independientemente del momento en que se produzca el cobro o el pago.

Empresa

Toda organización conformada por recursos humanos, materiales y financieros ordenados bajo una dirección para el logro de los fines económicos.

Exención

Es un beneficio tributario establecido por ley y que libera del pago de un tributo determinado.

Factura

El documento que detalla los artículos vendidos, así como los precios, el nombre del cliente y los términos de venta.

Gasto

Es toda entrada de bienes o servicios en la empresa y destinados a ser consumidos dentro del ejercicio económico.

Haber

En términos contables, es el nombre que se le da al lado derecho de una cuenta contable.

Impuesto al Valor Añadido (IVA)

Es un impuesto indirecto que grava las transacciones económicas.

Impuestos

Pagos obligatorios que exige el Estado a los individuos y empresas que no están sujetos a una contraprestación directa, con el fin de financiar los gastos propios de la Administración del Estado y la provisión de bienes y servicios de carácter público.

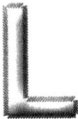

Ley

Es una norma obligatoria de carácter general, aprobada por el Poder Legislativo y sancionadas por el Poder Ejecutivo, quien ordena su promulgación y publicación en el Diario Oficial.

Libro Diario

Registro contable en el que se anotan todas las transacciones en forma cronológica. Está compuesto por el debe y el haber, donde se anotan los nombres de las cuentas y sus importes correspondientes.

Libro Mayor

Resumen del movimiento de cada una de las cuentas del Libro Diario. Este resumen arroja un saldo deudor o acreedor por cuenta, el cual es trasladado posteriormente al balance.

Normas contables

Conjunto de principios, normas y convenciones establecidas bajo las cuales deben prepararse los estados contables.

Obsolescencia

Disminución de la vida útil de un bien de consumo o de un bien de capital, debido a un cambio económico o al avance tecnológico.

Partida doble

Es la teoría contable en la que se fundamenta la técnica de registro contable que consiste en que a todo cargo contable le corresponde un abono y viceversa.

Pasivo

Es el conjunto de obligaciones y deudas de la empresa en un periodo determinado de tiempo susceptible de ser valorados.

Patrimonio

Es el conjunto de todas las deudas y obligaciones que tiene la empresa en un momento determinado.

Persona jurídica

Es un ente ficticio, pero con capacidad de asumir derechos y obligaciones propias.

Proceso de producción

Proceso físico donde se transforman o modifican los insumos productivos primarios para obtener un producto nuevo.

Representante

Persona física que actúa por cuenta de otra persona física o jurídica.

Saldo de una cuenta

Es la diferencia entre su debe y su haber.

Valor neto

Se refiere al valor de una partida económica minorada con otro valor con el objetivo de obtener un resultado homogéneo con su concepto a nivel analítico.

Venta

Es toda salida de bienes que constituyen el objeto social de la empresa.

Vida útil

Es el periodo de tiempo estimado de duración y uso para calcular la utilidad de un activo fijo.

Volumen de producción

Es el número total de unidades producidas en un determinado periodo.

BIBLIOGRAFÍA

WEBGRAFÍA

Bibliografía

- *Guía básica de financión.* Xunta de Galicia.

- Manual de conceptos básicos de gestión económico-financiera para personas emprendedoras. BEAZ, S.A.U.

- *Análisis de la empresa a través de los ratios.* Unión Patronal Metalúrgica de l'Hospitalet de Llobregat.

- *Guía básica para la gestión económico-financiera en organizaciones no lucrativas.* Equipo del Observatorio del Tercer Sector de Bizkaia.

- ÁLVAREZ, S. y GARCÍA OLMEDO, R. *Contabilidad y fiscalidad: Impuesto de Sociedades e IVA.* Ediciones CEF.

- AMAT, O. *Comprender la contabilidad y las finanzas.* Editorial Gestión 2000.

- BREALEY & MYERS. *Principles of Corporate Finance.* Editorial Mc Graw Hill.

- CERVERA, GONZÁLEZ Y ROMANO. *Contabilidad financiera.* Ediciones CEF.

- GÓMEZ LÓPEZ, R. *Modelos económico-financieros de solvencia y rentabilidad empresarial.* Universidad de Granada.

- FERNÁNDEZ, PABLO. WACC: *Definición, interpretaciones equivocadas y errores.* Documento de investigación, IESE.

- FRANCISCHETTI, C. y otros. *El análisis de riesgos como herramienta para la toma de decisiones relativas a inversiones.*

- GUTIÉRREZ, M. y COUSO, A. *Interpretación y análisis de balances.* Editorial RA-MA.

- GUTIÉRREZ, M. y COUSO, A. *Aplicación del nuevo Plan General de Contabilidad.* Editorial RA-MA.

- LLORENTE OLIER. J. I. *Análisis de estados económico-financieros.* Ediciones CEF.

- MALLO, C. y PULIDO, A. *Contabilidad financiera, un enfoque actual.* Editorial Paraninfo.

- MENEU, V. y otros. *Análisis y gestión del riesgo de interés.* Editorial Ariel Economía.

- OMEÑACA, J. *Contabilidad General.* Editorial Deusto.

- PÉREZ ARTACHO SANTOS, F. *Análisis y valoración de los riesgos en la empresa*. ICADE.

- SAAVEDRA GARCÍA, M. L. y otros. *Modelos para medir el riesgo de crédito de la banca*. Cuadernos de Administración.

- SANZ SANTOLARIA, C. J. *Guía de los principales ratios*. Universidad de Zaragoza.

- SECO BENEDICTO, M. *Riesgos económicos y financieros en la empresa*. EOI.

- VARIOS AUTORES. PGC. *Comentarios y casos prácticos*. Ediciones CEF.

- VERGÉS, JOAQUIM. *Análisis del funcionamiento económico de las empresas, medida de la eficiencia: de la rentabilidad a la productividad*. Departament d'economia de l'empresa, UAB.

Webgrafía

- **Model Risk Management.** Aspectos cuantitativos y cualitativos de la gestión del riesgo de modelo. Cátedra de Impacto Social.

  https://www.managementsolutions.com/es/publicaciones-y-eventos/catedra-de-impacto-social

- **Boletín Oficial del Estado.** Real Decreto 1514/2007, de 16 de noviembre, por el que se aprueba el Plan General de Contabilidad.

  https://www.boe.es/buscar/act.php?id=BOE-A-2007-19884

- **Boletín Oficial del Estado.** Real Decreto 1515/2007, de 16 de noviembre, por el que se aprueba el Plan General de Contabilidad de pequeñas y medianas empresas y los criterios contables específicos para microempresas.

  https://www.boe.es/buscar/act.php?id=BOE-A-2007-19966